買わない不動産投資

レンタルス

投資

JN022803

学　　人

みらい PUBLISHING

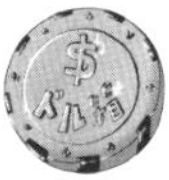

# プロローグ

今日は午前中、仕事はかどったなー。昼食何にしよう。ハンバーグ弁当か唐揚げか。エビマヨもいいなあ。あー！お腹減った！

「もしもし。ハンバーグ弁当の出前お願いします。住所は東京都――。事務所の前に着いたら連絡ください」

――ピンポーン――

大神「はい。（お、早いな）」

山田「こ、こんにちは……」

大神「えっ、山田さん！　お久しぶりですね。どうされました？（なんだ、飯じゃないのか）」

山田「実は……」

大神「とりあえず、立ち話もあれですから中にお入りください」
山田「自分でもできるビジネスを探していて……」
大神「何かありましたか？」
山田「実は……」
大神「あ！　ハンバーグが来た」
山田「私にできるビジネスって、何かありそうでしょうか……」
大神「ありますよ！　あ！　ちょっと今、出前届いたんでご飯食べていいですか？　30分後に来ます。待合室ご自由にお使いください」
山田「有難うございます。それまでに何か準備しておいた方がいいでしょうか」
大神「特には必要ありません」
山田「アイデアもないのですが……」
大神「大丈夫です。山田さんのニーズがそのままビジネスになりますから」
山田「僕の〝ニーズ〟ですか？　お客さんのニーズではないのですか？」
大神「はい。あなたの、ありのままのニーズが、最高のビジネスのネタなのです」
山田「どうすればいいでしょうか……」
大神「自分の城を作ってですね……　あ、とにかくご飯冷めるんで、また後で話しますねっ」

山田「僕の、**城**……」

大神「自分の城を作って貸し出すビジネスについて、こっそりお教えします。あっ！　お礼にケーキ奢《おご》ってくださいよー」

山田「食後に食べますか？　今から買ってきます」

大神「苺のショートケーキで……、あ！　やっぱりチーズケーキでお願いします！　ではまた後で！」

大神「ふぅー。満腹。山田さん、お待たせしました！」

山田「突然来てしまい、すみません……」

大神「大丈夫ですよ。あ、山田さんお仕事は何されているんでしたっけ？　今日お休みですか？」

山田「飲料のメーカーに勤務しています。ジュースやお酒、健康食品も扱っています」

大神「へー！　私最近、ソーダにハマってるんですよ。商品の企画したりするんですか？」

山田「いや、私は営業なもので……。全然です。１００ケースさばいてこいと言われたらスーパーのバックヤードを回るとかそういった……」

大神「なるほど。あ！　さては今、営業中サボって来てますね？（笑）。勤務地はこの近くでしたっけ？」
山田「（鋭い……）はい、この近くです。今は都内ですが、以前は福岡、その前は岡山でした」
大神「転勤があるのですね」
山田「そうです。福岡にいた頃は、妻が妊娠したのをきっかけに、都内に帰らせてもらうことができましたが……」
大神「それはよかったですね」
山田「はい。でも、そのうちまた転勤はあると思います。次あったら単身赴任のつもりです。妻には、居ないほうが気楽だから一人で行ってきてくれと言われておりまして」
大神「転勤かぁ。では、**場所が限定されないビジネス**である必要がありますね。休みは土日ですか？」
山田「土日のことが多いですが、担当店舗の定休日が違ったりするので、実際はバラバラです」
大神「仕事終わるのは何時頃ですか」
山田「会社は18時が終業時刻ですが、店舗のキーマンが夜勤の店には、それに合わせて行く必要があり、帰りが日をまたぐこともあります……」
大神「なるほど。では、**あまり時間が取られないビジネス**である必要がありますね。あ！

でもそれなら残業手当でガッポリなんじゃないですか⁉　まんざらでもないかも⁉」

山田「いやそれが……。来年から給料が下がる可能性が出てきてしまったのです……」

大神「そうなんですか。では、**なるべく初期投資が低いビジネス**である必要がありますね」

山田「注文が多くてすみません……」

大神「いやいや、大丈夫ですよ。山田さん、何かビジネスをされた**経験**っておありでしたっけ？」

山田「ないです……。正確に言えば、前に株のトレードをやったことはありますが、結果は散々でした……お金が欲しくてやってみたのですが……」

大神「そうなんですね」

山田「やっぱり自分には、才能がないものですから……」

大神「山田さん、趣味って何でしたっけ？」

山田「趣味ですか？　漫画が好きです。今は、ONE PIECE《ワンピース》を読み返していて。もう4回目になります。のめり込むというか、何時間でも読んでいられます。この情熱が仕事に向けばいいんですが……」

大神「アハハ。そういうもんですよね！　よし、それでいきましょう！」

山田「えっ？」

大神「山田さんの好きなことを、ビジネスにしましょう」

山田「そんなこと……」

大神「できますから、心配は無用です。山田さんの条件は、**場所が限定されなくて、あまり時間が取られなくて、初期投資が低くて、経験がなくてもできるビジネス**ですね？」

山田「は、はい……。無理を言ってるのは重々承知しています……」

大神「いやいや、全然無理ではないですよ！　できますから、安心してください。あ、頂いたケーキ、一緒に食べながら進めましょうよ！」

山田「やっぱり……私なんかには……今日は突然来てすみませんでした。また出直します」

大神「あ！　ここのチーズケーキ!!　めちゃくちゃ気になってたんですよ！　ありがとうございます。おー、本当に濃厚な味だ！　さ、早速、始めていきましょう」

プロローグ　2

## 第1章　あなたのニーズがビジネスのネタ
自分の城を作って貸し出すビジネス　12

## 第2章　私の想い
誰もが自分のビジネスを持つ時代　20
私のストーリー　23
多くの方に通じる共通の願い　33

## 第3章　ビジネスは〇〇が大事
街の商店街は、なぜ閑散としているのか　36
これからの世の中の流れ　38

## 第4章　買わない不動産投資
買わない不動産投資とは　58
一度身につければ一生モノのスキル　58
シェアリングエコノミー　60
買わない不動産投資のメリット　63
プラットフォームビジネスの凄さ　66
イマ、追い風　69

## 第5章　お金と自分の関係
お金持ちとは？　75
幸せな状態とは　78

## 第6章　パーティスペース投資
パーティスペース投資とは　82
パーティスペースにはこんな需要あり！　84
開業の仕方　90
コンセプト企画　93
ターゲティング　94
運営の仕方　97
トラブル　98
初期投資　106
ランニングコスト　109
収益計算　112
オリジナルの戦略を考える　113

目次


第7章　貸し会議室投資
貸し会議室投資とは　122
会議室にはこんな需要あり！　128
開業の仕方　130
レイアウトを考えよう　132
運営の仕方　136
トラブル　137
初期投資　137
ランニングコスト　139
収益計算　141
貸し会議室の特徴　144

第8章　実践アドバイス
時間がたつほど安定する　150
契約に気をつけよう　151
写真映えを意識しよう　151
掲載サイトの種類　152
広めの物件がオススメ　154
写真はプロのカメラマンに　154
写真加工は逆効果　155
メルカリやジモティなどの活用でコストを抑える　158
業者さんとの関係を大切にする　158
インフルエンサー活用　160
収益の上がるタイトルのつけ方　160
一石二鳥の活用方法　162

第9章　失敗する人の共通点と解決策
失敗する人の共通点と解決策　166

第10章　このビジネスは「自由」
このビジネスは「自由」　180
時間の自由　182
人間関係の自由　184
場所の自由　185

最終章　幸せに成功していくために
ビジネスは土台が大事　188
器を育てる　193
節目にチャンスあり　195

エピローグ　198

# 第1章

# あなたのニーズがビジネスのネタ

## 自分の城を作って貸し出すビジネス

自分の城を作って他人に貸し出すビジネス。名付けて、**〝場所貸しビジネス〟**。

場所貸しビジネスの面白さは、何といっても、提供しているサービスが**「場所」**。インフラのようなものですので、**どの時代でも、どんな人にも需要がある**のです。その時々で、需要があるネタに合わせて提供できます。アイデア次第でバリエーションは無限大。

あなたの「あったら良いな」が、そのままビジネスのネタになるのです。

あなたの趣味やセンスをとことん追求することで、どんどん面白く、そして、どんどん稼げるようになっていきます。

あなたのライフステージに合わせてバリエーションが増えていく。学生から社会人になり、親になり、高齢になる、そのすべてがアイデアの源泉になるのです。

あなたの「あったら良いな」は、たくさんのあなたと同じような人達の「あったら良いな」です。

**年齢も、性別も、地域も関係ありません。**多種多様なニーズがあります。**一度覚えてしまえば、ネタに困ることがない**のです。

例えばあなたが、**母親**だとします。ママ友会のニーズがあることに気がつくでしょう。

複数人のママ達が子連れで集まって楽しむ会です。

ママは大人同士でおしゃべりを楽しみたい。本音は、子供は子供達同士で勝手に遊んで欲しい。ママだって毎日子供の世話ばかりしているのではなく、息抜きしたいのです。

ところが、ここで困ったことがあります。

ママ友会レストランでランチ。

子供は泣いたり店内を走り回ったりしますから、現実問題、子供を見張ったり叱ったりと、ママ同士のおしゃべりに集中できません。

他のお客さんに迷惑がかかってはいけませんし、店内の物を壊してしまう心配だってあります。子供が店の外に出ていって、迷子になる可能性もあるでしょう。

**安心してママ友会を堪能できる場所がない**のです。

貸し切りの部屋であれば、そういったことを一切気にせず、手放しで楽しむことができます。お部屋の中におもちゃがあり、お菓子の持ち込みもＯＫ。子供がどれだけ走り回っても、部屋の中なので誰にも迷惑をかけません。ママは大人同士で心ゆくまでおしゃべりを楽しむことができます。

あなたが、**フリーランスの起業家**だとします。

普段、自宅で仕事をしており、オフィスを持っていません。スタッフは抱えていないし、設備も要らないから自宅で十分。オフィスを構えると固定費もかかります。

でも、困ったことに、お客さんとの商談をする際――。自宅に来てもらうわけにもいきません。そのため、喫茶店を利用します。

喫茶店ですが予約ができません。当日、待ち合わせしたものの、満席で入れない――。困りました。

お客さんと一緒に、別のお店を回ります。「ここも満席ですね」「他にも店がないか調べてみます」。夏は暑い中、冬は寒い中。お客さんに（申し訳ないなぁ）と思いながら、少し不甲斐ない気持ちにもなりながら。

ようやく入れた喫茶店で、パソコンと資料を広げます。小さなテーブルなので置ききれません。資料を並べて見比べていただきたいのですが、それができないのでパフォーマンスが下がります。

お客さんの「本当の心の声」——。聞き出しにくいです。

周りにたくさん人がいますし、個人的なことを聞かれたくないのです。ましてや、個人情報が漏れるなんていやです。当たり障りのない会話をして店を出るのが関の山。だいたい、混雑している店内なんて、うるさくて、真剣な会話のムードもブチ壊しでしょう。やはり、**場所がない**のです。

あなたが**大学生**であれば、宅飲みニーズに気づきます。宅飲みとはお店ではなく自宅で飲むことです。大学生なのでサークルの飲み会も盛んですが、毎回居酒屋で飲むと金欠になる。酔いが冷めた頃には、バイトで貯めたお金が吹っ飛んで、お財布がすっからかん。

宅飲みすれば節約できることは知っているのですが、ただ、狭いワンルームに住んでいるので自分の家に呼ぶのは無理があります。

みんなで集まって盛り上がることが目的であり、居酒屋さんのご飯を食べることが目的ではないのですが……、選択肢がないから仕方ない。**場所がない**のです。

あなたがお年寄りであればシルバーの団欒《だんらん》会ニーズ、若い女の子であれば女子会、YouTuber《ユーチューバー》などであれば撮影をする場所、カップルであれば昼間に二人っきりでデートをする場所、会社員であればリモートワークの場所のニーズに気がつきます。挙げるとキリがないのですが……。

**兎にも角にも、場所がないのです。**

「場所がない」

そこに**ビジネスチャンス**があります。

このビジネスでは、難しいことを考える必要は一切ありません。

とことん面白く、あなたのニーズを元に、あなたのセンスを光らせていくことが、ビジネスになるのです。

あなたの城を作り、利用したユーザーを喜ばせる。ファンになってくれることでリピートにもつながります。**集客は、専用のサイトがあるのでそこで募集できます。**

**多種多様なニーズが溢れているこの時代。あなたの「あったら良いな」こそが、ビジネスのネタなのです。**

# 第2章

# 私の想い

## 誰もが自分のビジネスを持つ時代

２０２０年。本年初頭に突然襲ってきた、新型コロナウイルスが全世界に深刻な被害をもたらしています。

医療現場の最前線で、感染症の対応にあたってくださっている医療従事者の皆様をはじめとし、国民の生活に必要な現場に従事されている皆様に心より感謝申し上げます。

日本経済においても、戦後最大の危機とも囁かれており、企業の倒産、店舗の廃業、リストラ等が広がっています。給料が下がったり、ボーナスカットされたり、収入に困る人が大勢出てくると予想されています。

これから先、**「自分で稼げる力をつけたい」という人は膨大に増えていく。**

また、近年、日本では、政府による「働き方改革」の推進により、自由な働き方や、副業への取り組みが推奨されてきているところです。

**私は、これからは、誰もが自分のビジネスを持つ時代だと思っています。**

会社員でも、女性でも、子供がいても、高齢でも、外国人でも、障害があっても、忙しくても、そんなことは全く関係なく、皆が「自分のビジネス」を持てるようになれば、素晴らしい世の中になると本気で思っています。

それぞれが作った「自分のビジネス」を通して、便利になる人が増え、利用して喜ぶ人が増え、本人の収入も増え、その好循環にワクワクしながら生きていく。そんな人が増えれば最高だと思っています。そして、その方法が「ある」と思っています。

2018年に、拙著『買わない不動産投資 ドル箱宿泊所』（みらいパブリッシング・刊）を出版し、不動産を買わずに投資をする手法について、皆様に共有させてもらったところ、発売後すぐ重版となるほどの反響を頂きました。読者の皆様より、自己実現に繋がったと感謝のお言葉を頂き、お役に立てたことを嬉しく思い、今回、3冊目の本を執筆することに致しました。

今、あなたが、本書を手に取ってくださったということは、おそらく、「何かビジネスを始めてみたい」「収入が欲しい」などのニーズが、おありなのだと思います。

本書ではそのような方々向けに、考え方や、エッセンス、具体的手法をお伝えするつもりです。

地に足をつけたビジネスで、しっかりとした収入作りをし、お客さんに喜んでもらいながら、自分も楽しみ、より充実した毎日になることを目指します。

日経新聞にも載っていましたが、国内でのアンケート結果によると、老後の不安は、「健康よりお金」と考えている人が多いそうです。生活と切っても切れない「お金」。

そんな、「お金」も、楽しみながら稼ぐことができれば、一石二鳥です。

お金は、苦痛な労働に耐えて稼ぐものなんて、もはや昭和の発想です。

**現代では、お金は楽しみながら稼ぐもの**だと私は思っています。

本書を通じて、皆様の人生が、より豊かになるためのお役立ちができれば幸いです。

# 私のストーリー

## きっかけ

ここで、私が、ビジネスのヒントを得たきっかけについてお話ししようと思います。

時は遡り、高校生の頃。初夏の夕暮れ。

（こないだまで帰り道真っ暗だったのに。まだ昼みたい。日が長くなったなー）

学校が終わって塾に向かいます。

（なんだ。傘持ってこなくてよかったし。荷物になっちゃった。結局降らなかったけど、そろそろ梅雨も、明けたのかなぁ）

道端に置いてあった看板が何気なく目に入りました。

『MYデスクロッカー付き1万5000円。お気軽にどうぞ』

（お気軽に、どうぞ……？）

気になったので、建物の中に入ってみると、小さな受付に管理人のおばちゃんがいました。

そこは、「デスクを貸している場所」でした。

フロアにズラッと100台ほどのデスクが並んでおり、その1台を、月額料金を払って自分専用に借りられるサービスです。鍵付きの引き出しも専用で使えるとのことでした。

おばちゃん曰く、利用者は主に、社会人で資格の勉強をしている人が多いということでした。弁護士の資格を取るために、会社帰りに勉強している人などです。

内見もさせてもらえました。自分のような若者の姿は見当たりませんでしたが、社会人が真剣に勉強していたり、居眠りしていたりする後ろ姿が並んでいました。

当時、高校へは電車で通っていましたが、重い荷物に少し負担を感じていました。学校の帰りに学習塾に行くのですが、朝、家を出るときに、学校の教科書と、塾の教材、両方の荷物を持って行く必要があり、ちょっと重いなと感じていました。実際には体操服や、お弁当などもあり、教科書以外にも荷物がかさばります。

（ここに塾の教材を置いて帰れば、毎日の荷物も軽くなるし、落ち着いた環境で自習もできるな）。入り口に設置してあった利用申込書を1枚、カバンに忍ばせて帰りました。

翌日、記入済みの申込書と、月額利用料の1万5000円を持って行き、おばちゃんからデスクの鍵を受け取りました。

そこから1カ月程が経過。毎日行くため顔見知りになる大人の方もいて、ジュースを貰ったりすることもありました。ジュースといえど、高校生ですのでかなりラッキーな気分になります。その他、メーカーで働いている方から、試供品のシャンプーを貰ったこともありました。

管理人のおばちゃんは、1日のうち数時間ほど受付にいますが、集金などの業務が終わればば帰って行くため、ほとんど顔を合わせることはありませんでした。おばちゃん自体はパートで来ているので別でも仕事があると言っていました。

利用し始めて数カ月たったある日、ふと思ったのです。

（ちょっと待てよ……。１００台あるってことは、**月間１５０万円**もお金が入っているんだよね……。誰も働いてないけど、デスクが置いてあるだけで勝手にお金を生み出してくれているんだ。これってすごいな……）

私から見た世の中の大人達はみんな働いていましたし、会社員であっても、経営者であっても、芸能人でも、毎日労働しています。

ただ、ここは、**誰も働かなくても、勝手に毎月１５０万円入ってくる『仕組み』**となっていたのです。

（これは凄いぞ！　自分も大人になったら、こんなビジネスがしたい）

この出来事がきっかけで、興味津々になっていたのでした。

＊

時はたち、社会人になりました。

ちなみに私ですが、一部上場企業の総合職で、しかも営業でしたので、巷《ちまた》で言う、〝OLさん〟のイメージではなく、その真逆を想像してもらえれば早いかと思います。男性と肩を並べて働き、転勤もある、典型的な〝THEサラリーマン〟です。

忙しいながらも、まあまあ頑張ったりしながら働いていました。

（深く考えたところで、営業なんだからどのみち売りに行くわけだし）

（同僚は、特別尊敬しているというわけではないけど、良い人達だし）

（朝起きて、別に会社行きたくはないけれど、気づいたら家を出てるし）

（まあ、今週の土曜日にはライブに行くんだし、再来月の連休には沖縄に旅行に行くんだ。それまで、乗り切るかあ。楽しみだな）

特別不満もなければ、困ることもない。楽しいわけでもないし、やりがいはないけど。給料は低くないし、同僚に悪い人はいないし、土日には休みもある。
金曜の夕方にテンションが高くなり、日曜の夜にはテンションが低くなる。朝起きて会社に行って、帰宅したら風呂に入って寝る。

**つまり、普通。**

久々に会った知人に、「最近仕事どう？」と聞かれれば、「うん、普通だよ♫」と答えます。だって、普通なんですから。そんな質問上手く答えようがありません。それ以上でも以下でもないのですから（どう？ って何だろ。「どう」なんて抽象的な質問。どう答えんの？）。世にも不思議な質問の一つだと思っていました。

（普通って、つまんないけど、でも平凡が一番幸せなんていうしさ。
ほら、道を歩いてても、お店に入っても、みんな同じような感じじゃん。みんなそんなもんだよ。これが普通なんだ。普通の中に、幸せを見つけるんだ。幸せは自分の心が決め

るって聞いたし。うん。これが幸せなんだ。あー、ライブと沖縄楽しみだな）

＊

子供の頃、「将来の夢は？」と聞かれれば「〇〇になりたい！」。嬉しそうに答えました。

学生の頃、頑張って勉強したら、最高の将来が待っていることを疑いませんでした。

成人した頃。これから来る、とびっきり素晴らしい将来を思い描いていました。


（私の「将来」は、どこに行ったのだろう……これではないはずなんだけど……。これじゃない……）

＊

（これが、よく聞く、理想と現実……ってやつか……）

もっともっと素晴らしい人生になることを想像していました。
ただただ毎日を消化するだけのプランを望んだ覚えはありません。

（**自分の人生、結局この程度**なのかぁ）

会社には周りの席にたくさんの先輩社員がいます。

先輩社員がいるのですから、自分の10年後の姿も20年後の姿も、容易に想像ができます。
映画館に行かなくても、毎日が実写版の上映日なのです。

---

20代前半。新卒で入社。社会人生活スタート。同期と飲む時はまだまだ学生のノリ。
20代後半。若手なのに営業成績トップに。社内で褒められる。華金は合コン。
30代前半。彼女と結婚。子供が生まれる。貯金を始める。転勤で本社勤務に。

30代後半。住宅ローンで郊外にマイホーム購入。子供が幼稚園入園。

40代前半。昇進。名刺に課長と入るようになった。白髪が気になり始めた。

40代後半。若手社員へのＯＪＴ。自分が若手だった頃もついこないだのように思える。

50代前半。子供が成人し巣立つ。また妻と二人の生活に戻る。少し寂しく感じる。

50代後半。退職まであと数年。無難が一番。時間の自由が生まれ始める。

60歳。40年間の会社員生活が幕を閉じ花束を受け取る。退職金は老後に充てる。

退職後。手持ち無沙汰感から昼間は図書館へ。明日も明後日も特にやることはない。


---

正直……そうなりたいとは思えませんでした。（誤解がないように補足すると、先輩方はとても良い方で誠に感謝しています）。

これだったら、私にとっては、ただ生きてるだけです。

自分の人生は、充実し、満喫し、勉強し、成長し、成功し、認められ、感謝される「薔薇色の人生」にしたいのです。

**「自分の可能性はこんなもんじゃない」**

起業して5年以内に80％が廃業するといわれている世の中です。上手くいくかなんてわかりませんし、何の保証もありません。不安がなかったのかといえば、むしろ、不安しかなかったです。潔く決断できたわけではなく、何百回も何千回も、悩みました。潔さなんて微塵もなかったです。

ただ、確実に言えることは、上手くいくかどうかの保証はないけれど、このまま人生が終わった場合に後悔する**確率は100％**。

冬空に風が吹くまだ寒い夜。
ついに決断をしました。

## 多くの方に通じる共通の願い

私は、この5年間、投資家として著者として、面談やセミナーを開催し、多くの方々とお会いしてきました。これまで行ったセミナーの動員数は通算２３００人、個人面談は７００人実施してきました。

私の面談やセミナーに訪れるのは、ビジネスや投資を始めてみたい、または実践している、30~50代の男性会社員の方が90％です。

その経験の中で、多くの方に通じる共通の悩みがあることを知り、どのようにすれば実現するのか、また、失敗する人の傾向、上手くいくためのパターンを熟知するに至りました。

私自身、身体は1つしかありませんし、時間も限られているため、全ての方々と直接お会いすることは難しいのですが、一人でも多くの方の自己実現にお役に立ちたいと思っていたところ、書籍を通してお伝えさせていただく機会を頂けました。

本書を通して、そのような方々に向けて、ビジネスで成功するための考え方や、エッセンス、具体的手法を共有し、自己実現につなげていただければと願っております。

# 第3章

# ビジネスは〇〇が大事

## 街の商店街は、なぜ閑散としているのか

突然ですが、ここで1つ質問をします。

**「街の商店街は、なぜ、閑散としているのでしょうか？」**

多くの店がシャッターを閉め、色あせた看板と、古い建物が、ずらっと並んでいます。

文房具屋さん、お菓子屋さん、洋服屋さん。

様々な業種のたくさんの店舗が並びます。日本全国に多数存在し、各店舗に店主がいます。店主の能力がもともと低かったのでしょうか？　もしくは、趣味で経営していたのでしょうか？

きっと、昔は、活気づいて、繁盛していたと思いませんか。

昭和の時代、商店街には、子供からお年寄りまで、たくさんの人々の生活の拠点、交友の拠点、商売の拠点として、パワーが溢れていた様子が浮かびます。

ただ、今は、シャッター街になり、人通りはありません。どこか寂しい気持ちがします。

**その頃と、店の立地は変わっていません。売っている商材も変わっていませんし、店主も変わっていないはずです。**

どうしてなのでしょうか。

ここまでくれば、皆さんもお分かりですよね。

そう、**つまり「時代」が違う**のです。

時代の流れによって、成功しやすいビジネスと、そうでないビジネスがあるのです。

大きな流れに、小さな者は巻き込まれます。逆らっても勝てません。

**時代の流れによって、成功確率が変わる**のです。

想像してみてください。下りのエスカレーターを上ろうとするのは難しいです。頑張って駆け上がっているのにどんどん下がってゴールから遠のいていきます。一方、上りのエスカレーターであれば、ただ乗るだけでそのまま上まで連れていってもらえます。

**同じ「上る」という行動でも、かかる労力の差は比になりません。**

つまり、ビジネスで成功するためには、外的な流れに沿うことが重要で、そのためにまずは、世の中の流れを理解することが最初にやるべきことです。

何をやっても同じではないのです。闇雲《やみくも》に戦っても勝てる可能性は低く、沈んでいく船に乗っていては、遅かれ早かれ自分も一緒に沈んでいきます。

「取り組んでいるけど、思うような結果がでない」ひょっとすると、それは、あなたに才能がないことが原因ではないかもしれません。

## これからの世の中の流れ

ここで、まず、これからの時代の流れを見ていきましょう。

時代の流れといえば実にたくさんありますが、ここでは、労働や働き方など、仕事に関係する流れを中心に見ていきます。

## 【今後の世の中の流れ】

❶ＡＩの進化
❷長寿化・高齢化
❸仕事への価値観の変化
❹働き方の変化
❺アフターコロナ
❻自分の力で稼ぎたい人が膨大に増える

### ❶ＡＩの進化

ＡＩが私達の暮らしを豊かにしてくれる一方、「多くの人がＡＩによって仕事が奪われる時代が来る」など、機械学習や人工知能に関する技術の発展とともに、雇用に関する影響への心配をよく耳にするようになりました。

ＡＩが社会に浸透することによる、これまでの仕事がなくなってしまう懸念への議論は尽きることがありません。

この先、人々がＡＩに仕事を奪われることになるという主張の根拠として、国内外の研究施設から発表された論文があります。２０１５年12月の野村総合研究所のニュースリリースによると、イギリスのオックスフォード大学は、近い将来に現在ある仕事の90％は機械（ＡＩ）に置き換えられると公表しました。また、野村総合研究所（ＮＲＩ）は、この先15年で今ある仕事の49％がなくなるというレポートを発表しています。

将来に備えるためには、まずはそのようなＡＩに代替されやすい仕事、されにくい仕事を把握しておく必要があります。それぞれどのような仕事が該当するのか確認していきましょう。

ＡＩに代替されにくいのは、型にとらわれないような仕事と考えられます。「計算できないこと」「統計的でないこと」です。つまり、「クリエイティブ」なことが不得意なのです。人間の感情や、こだわりを扱う業種には影響が出にくいとされています。

どんなに機械が高度化しても、人間の本来の欲望は残ります。
「楽しみたい」「感動的な体験をしたい」「大切な人と絆を深めたい」
これらは、人間の「感情」であるため、機械では計算できず、人間が人間へ提供するべきものとなります。

あなたがこれから何かビジネスを始めたい場合、ＡＩへの心配をしなくて済むためには、**人間の感情や、体験、こだわりを扱う**ものなど、人間でしか提供できないビジネスを選ぶと良いでしょう。

将来的に、そういったビジネスには、ＡＩに左右されない職として、**今よりさらに、人気や価値が高まる**可能性もあります。人気や価値が高まるということは、それを行っているあなたの価値や、社会的意義も高まるということです。

## ❷長寿化・高齢化

人生100年時代という言葉が流行りました。ロンドンビジネススクール教授のリンダ・グラットンとアンドリュー・スコットが『LIFE《ライフ》 SHIFT《シフト》 100年時代の人生戦略』（東洋経済新報社）で提唱した言葉です。

長寿化が急激に進み、先進国では、2007年生まれの2人に1人が100歳を超えて生きる「人生100年時代」が到来すると予測し、これまでとは異なる新しい人生設計の必要性を説いた内容となります。

100歳まで生きることが一般化する社会では、**年齢に関係なく、学び直しや転職、長期休暇の取得など人生の選択肢が多様化する**と予想されています。

2017年9月には首相官邸に安倍首相を議長とする「人生100年時代構想会議」が設置され、2018年6月には「人づくり革命 基本構想」が発表されるなど、政策への反映が進められています。

これからの時代、年金もあてになりません。年金をあてにしていたら、老後は貧乏になってしまう可能性があります。60歳以降、40年以上も生きる可能性があるのですから、人生設計や働き方を変えないといけません。

これからの時代、**目先のことだけしかやっていなかった人と、将来を見据えてやってきた人とでは老後に間違いなく差が出てきます。**今はまだ若いので、長時間労働も、体力仕事も、負担にならないかもしれません。PC入力も、資料を読み込むのもお手のものですが、高齢になればキツくなります。

**60歳以降も40年間も生きる**のですから、早いうちに、**年齢に関係なくできるビジネスモデル**を知り、習得しておくことが大切です。

## ❸ 仕事への価値観の変化

「安定よりも自由を取る」

我々社会は、長年、仕事第一の生活や、終身雇用制度に縛られてきましたが、最近は、価値観が変わりつつある人も多くなってきています。

安定よりも、自由に好きなことをする時間が欲しい、**自由に生きたい**という人が、老若男女問わず、増えてきているようなのです。

特に、最近の若者は「家も車もいらないけれど、大好きな仲間といて、好きなことを仕事にしたい」というような生活を求めている人が多いと感じます。

子供の憧れる職業にYouTuberがランクインしたり、オンラインサロンのビジネスに憧れる大人が増えたりと、昔との違いが顕著に現れだしています。

「ギグワーク」も加速してきています。どことも雇用関係を結ばず、ひとりで出向き、好きな時に好きなだけ働くという働き方です。最近では「Uber Eats」でレストランから個人宅へと料理を運ぶ仕事がありますが、時間が空いた時に近場を自転車で配達すれば収入になるため、その自由さがウケ、多くの人がエントリーしています。他者に縛られるよりは、好きな時に好きなだけ働けるギグワークに魅力を感じるようです。

要は、**過去のスタイルと逆なのです。** 自分のやりたいことや好きな仲間と過ごすことが生活のメインであり、その合間に仕事をする価値観です。

今まで、多くの人は、仕事がメインで、空いた時間を趣味などに使うスタイルであったと思います。最近は、逆の価値観の人が増えてきているようなのです。

また、フリーランスも増加しています。会社に勤めるわけでも、会社を経営するわけでもない、個人として仕事をするスタイルです。専門性を高めれば時給単価が高くなるので、短時間労働でも高収入な人もいるようです。

確かに、安定性はないかもしれませんが、会社員として終身雇用で一生が終わっていくよりは、自由に生きる方が楽しいのではないかという価値観を持つ人が増えてきています。

## ❹ 働き方の変化

近年、政府は、多様な働き方を認める「**働き方改革**」を提唱しています。

働き方改革とは、一億総活躍社会実現に向け、これまで当たり前だった日本企業の労働環境を大幅に見直す取り組みを指します。

長時間労働の是正、非正規雇用労働者の処遇改善、子育てや介護との両立、副業・兼業を認めるなど、労働者が働きやすい環境を整備することです。これを機に副業を認める企業も増えてきました。

一人ひとりの意思や能力や事情に応じた、多様で柔軟な働き方を選択可能とする社会を目指していくのです。国としての目的は、働く人を増やして税収を増やし、日本の財政を健全化することであるといえます。

**働き方改革の三本柱**

①長時間労働の是正（残業廃止等）

②雇用形態によっての不合理な待遇差

③柔軟な働き方の推奨

## ☆ついに正社員の意味がなくなる

ご存知の方も多いと思いますが、4月（2020年）に適用が始まった**同一労働同一賃金制度。**

「同じ仕事をしている限り、正社員であるか非正社員であるかを問わず、同一の賃金にする」というものです。

これにより、企業はこれまでのように正社員に高い給与を払い、それ以外の従業員は低い給料で働かせるということができなくなりました。

働き方改革関連法の大きな柱である改正労働基準法と並ぶ、もう一つの柱であるパートタイム・有期雇用労働法と同一労働同一賃金の規定を盛り込んだ改正労働者派遣法です。

企業は対応をしなければならないわけですが、パートタイマーや派遣社員などの賃金を上げることで合わせる場合、相当な人的コストの高騰になってしまうため、実質的には、正社員の待遇を下げていくことしか方法はないでしょう。

## 【今後想定される企業の流れ】

・年齢による昇給制度を廃止
・正社員の給与を下げる
・ボーナスを減額
・残業を廃止
・福利厚生や家賃補助などの手当をやめる
・人員の整理（早期退職・リストラ）

今までは、正社員というだけで、派遣やバイトより待遇が良かったと思います。
「正社員」って、就活や転職などで、努力してなった人もいるかもしれません。
正社員だからこそ、仕事を辞めたくなっても我慢して続けてきた人も多いかもしれません。ですが意味がなくなります。

併せて、働き方改革では、副業を認める企業が増えていく流れです。

単刀直入に言うと。

会社：「**今後は、今までみたいに手厚い給料保証はできなくなるから、そのぶん、自分で稼いでね。すまん！**」

こういう流れです。これからは、会社員であっても、プラスで自分のビジネスを持つことがスタンダードになっていくのです。

## ❺アフターコロナ

### ☆新型コロナウイルス

本年初頭に突然襲ってきた新型コロナウイルス。全世界に深刻な被害をもたらしています。現在、本書を執筆しているのが２０２０年8月となります。

日本政府は、月例経済報告で月に1度、公式な景気判断を示しますが、4月23日に発表した4月の月例経済報告の中では、日本経済の現状を、「景気は、新型コロナウイルス感染症の影響により、急速に悪化しており、極めて厳しい状況にある」としました。

日本政府が基調判断に「悪化」という表現を用いたのは、リーマンショック後の2009年5月以来初めてで、約11年ぶりとなります。

同報告では、「感染症の影響で、日本の個人消費が大きく落ち込んでいるほか、生産と輸出も減少しており、企業の売り上げが急激に減少し、倒産する企業も増えている」としています。また報告は、先行きについても「極めて厳しい状況が続く」としており、日本及び世界経済が感染症の影響によるさらなる下振れリスクに十分に目を向け、金融と資本市場の変動に注目する必要があるとの見方を示しました。

また、翌5月の月例経済報告では、景気は「急速な悪化」が続いているとの認識を示しました。

内閣府の集計では、上場企業の経常利益は1~3月期に前年同期比で60・3％減。国内外で需要が蒸発し、製造業・非製造業を問わず厳しい状況にある、としました。

7~9月期以降は持ち直しが見込まれ、個人消費や輸出は下げ止まりが期待されていますが、世界経済の回復が遅れたり、国内で感染の第2波が起きたりして、企業が賃金カットや人員整理にまで乗り出せば、今後も景気の低迷が長引く恐れもあります。

昨年までは、誰も予想していなかった、新型コロナウイルス。計り知れない被害をもたらしており、この先どうなるのかさえも誰もわからない状況です。

## ❻自分の力で稼ぎたい人が膨大に増える

### ☆ある意味、時代が進んだ？

前述の通り、近年、日本では、多様な働き方への政策が進められていたわけですが、今回の新型コロナウイルスにより、その流れが、計画より早期に浸透することになりました。

多様な働き方の内容として挙げられていた、働く時間の効率化・場所を選ばない働き方としてリモートワーク・オンライン化などが、想定より早く広がることになり、そして、副業や資産形成等についても、必要に迫られ取り組む人が増えています。

**これらの方向性は、本来、働き方改革で目指していたところそのまま**であり、新型コロナウイルスという、想定外の悪い出来事がきっかけではあったものの、結果的に、**目標が計画より早期に進むことにつながっているのは事実です。**

## ☆自分の力で稼ぎたい人が膨大に増える

新型コロナウイルスの影響で、給料が減り、収入に困る人はたくさん出てきます。商売をしている方で過去の事業で生きていけなくなった自営業者や、経営者も増えます。勤務先の破綻やリストラで、失業された方もいるでしょう。

今後、「自分の力で稼ぎたい人」は膨大に増えます。

今までの比にはならないレベルで、真剣にその課題について取り組む人が増えていきます。**当然、増えれば増えるほど、全体のレベルが上がるため、成功することへのハードルが上がります。そうなる前に、一日でも早く動き出すことが大事です。**

## ☆多くの会社員も兼業フリーランスになる時代

今後は、会社員でも兼業してフリーランスをする人が増えていきます。

兼業してフリーランスをする場合に困るのが、**場所や設備**（事務機器類、コピー機、ファックス機、固定電話など）の問題です。

**・設備がない**

普段は会社にあるため、気にも留めていないくらい些細《ささい》なことが、自分で用意してみると意外なほど出費がかさむことに気がつきます。

例えば、お客さんへの提案用資料を用意したいとします。

コンビニでカラーコピーする場合1枚100円。

たった50ページほどの1部を印刷するのに**5000円**。自分とお客さんの分で2部を用意するのに、実に**1万円**もかかるのです。こうやって言われてみると、ちょっとビックリしますよね。

ただ、これはあくまで提案用の資料ですので、お客さんからお金を頂けるのは、その資料が功を奏し晴れて成約につながった場合のみです。つまり、**金をドブに捨てることになることの方が多い**わけです。毎度これが続きます。

会社勤めではなく自分でビジネスをする場合、今まで気にもしていなかったような小さなことも、結構な額のお金がかかるものです。

逆に言えば、そういった、「あなたが困る部分」は、「同じ立場の多くの人が困る部分」であるため、ビジネスチャンスでもあります。

実際に、コピー機やファックス機などのオフィス機器類を自由に使えるメリットを前面に押し出し、シェアオフィスのビジネスを展開した企業などが存在します。

その他、バックオフィス（事務処理）のサブスクリプション（定額制サービス）、事務作業をスポットで頼むことができるオンライン秘書代行サービスなど、新しいサービスが次々と生まれています。

早い段階で、**今後の世の中の流れに目をつけ、ビジネスチャンスをモノにした**人が出ているのです。

**・場所がない**

フリーランスはノマドなどとも呼ばれていたりしますが、オフィスを持たない人が多いです。オフィスを構えると固定費が結構かかるし、社員がいないので必要がないからです。

普段、好きな時に好きな場所で仕事をしています。ノマド（nomad）の語源ですが、英語で遊牧民という意味を表す比喩から来ています。

ノマドといえど、完全に本業として独立しているフリーランスであれば、それこそ、自分なりの仕事環境を用意していることが多いです。自宅に仕事専用の部屋があったり、それこそ、きちんとしたオフィスを構えていたり、ライフスタイルの中で旅を組み込んで旅先で仕事をしていたりします。

ただ、会社員が「兼業」でフリーランスをやった場合、同じようにはいかないでしょう。自宅に帰れば家族がいますし、自宅の広さとしても仕事部屋を作ることができない方も多いです。そもそも自分の部屋がない人もいます。リビングのダイニングテーブルで集中するのはなかなか難しい。お客さんとの打ち合わせの際、自宅に招くのも難しいです。オンラインで商談するにしたって、お客さんと真剣な打ち合わせの最中に、子供が大きな声で泣いていたら先方にもご迷惑がかかるかもしれません。

喫茶店に何時間も滞在するのはお店に迷惑ですし、そもそも居づらい。人が混んでいてうるさいし集中できない。ネット環境がない店も多いです。

実際、今回の新型コロナウイルスでの自宅ワークの際も、多く嘆かれていたのが、「自宅で仕事をしろと言われても場所がない」という件でした。特に、夫婦共働きの場合は、2つスペースが必要になってきてしまい、そんな場所はないという声があげられていました。

そこで、便利なのが「**貸しスペース**」です。

少額で必要な時だけ時間単位で部屋を借りられます。

個室で集中して仕事がはかどります。一人作業もできますし、人を呼んで打ち合わせもできますから、**必要な時だけあなたのオフィスを持てる**ような感覚です。

しかも、その時々で、自分の居る位置から近いスペースを借りることができ、**移動時間の削減**にもつながります。経済的な上に時間の節約にもなるのです。

ただ、ここでお伝えするのは、何も、「あなたも貸しスペースを利用して仕事をしましょう」という話ではないのです。それだと面白くはないですよね。

**今後、世の中の流れで、場所を必要とする人が増えていくため、むしろ、その人たちをターゲットにビジネスができるという話です。**

あなたは、自分のスペースを開業し、これから莫大に増えていくフリーランサーに向けてスペースを提供して稼ぐことができます。もちろん自分自身でも使えます。一石二鳥の立ち位置をゲットすることができるのです。方法については、後述します。

以上、これからの世の中の流れを説明しました。

全てに共通して言えるのは、**「場所への需要が増えていく」**ということです。

ビジネスは時流が重要です。

人間の体験やこだわりが活かせて、年齢に関係なくできるビジネスモデル。そして個人でも参入できて、兼業でも実現できる。今後伸びていくマーケットであり、かつ、今回の感染症問題にも対応できる数少ないビジネス。

**つまり、絶好のビジネスチャンスなのです。**

# 第4章

# 買わない不動産投資

## 買わない不動産投資とは

不動産を買わずに、賃貸で借りた物件を活用して行う投資法のことで、これを私流に「買わない不動産投資」と名付けています。借りた物件に付加価値をつけることで利益を生み出します。

不動産を買わなくて済むため、初期投資が少額から始められます。

## 一度身につければ一生モノのスキル

「不動産を買わずに不動産投資ができる」

というと、驚かれます。

不動産投資といえば、物件を購入して賃貸で貸す方法しか知られていないからです。

あまり知られていませんが、**買わなくてもできる不動産投資には、実はたくさん種類が**

**あります。**

例を挙げると、このようなもの全て、不動産を買わなくても実現することができます。シェアハウス、シェアオフィス、コインランドリー、マンスリーマンション、ウィークリーマンション、ホテル、民泊、グループホーム、会議室、コインロッカー、コインパーキング、トランクルーム、ストレージ。

様々な種類がありますので、一度覚えてしまえば、将来的に別の事業をやりたくなれば種類を変えればいいですから、応用がききます。

**一度身につければ一生モノのスキル**になるのです。

今回、本書では、その中で、パーティスペース投資と貸し会議室投資についてお伝えしていきます。これらは、少ない初期投資で始められるだけではなく、**集客を代行してもらえるシステムがあるため、自分で集客をしなくて済み、多くの方が実現しやすい**からです。

トランクルームやシェアハウスの場合、「客付け」といい、利用するお客さんを、自力で一から探さなければいけません。自分で探すのか管理会社に任せるのかは自由ですが、いずれにせよ、自分達で見つけなければいけませんし、埋まるのにも時間がかかります。客付けはなかなか難しいものです。

**「不動産を買わなくても投資ができ、しかも客付けをしなくていい」**

では、どうしてそんなことが実現するのでしょうか。

その答えは、基本的には、シェアリングエコノミーという、新しい概念ができたからです。この手法は、昔はできませんでした。**近年、新しく誕生した投資法**なのです。

## シェアリングエコノミー

物・サービス・場所などを、多くの人と共有・交換して利用する社会的な仕組みのことを、「シェアリングエコノミー」と呼びます。

企業や個人だけではなく、政府や自治体、市民など多方面で注目を集めており、今後、さらに市場規模が大きくなっていきます。

内閣官房IT総合戦略室内に「シェアリングエコノミー促進室」が設置されるほど、国が力を入れている施策です。

近年、合理的な考えを持つ人が増え、「欲しいものを購入するのではなく、必要なときにだけ借りればいい」という人々が多くなってきています。そのような人と、所有物を提供したい人を引き合わせるインターネット上のマッチングサービスが人気を集めています。

現代はモノが溢れている時代です。エコも推進されています。

昔、モノがなく貧しかった時代には、人々が「所有」に憧れ、それはステータスでした。「俺、車持ってるぜ」「すごーい！」。でも、今ではそれは普通のことです。車を持っているから凄い人だなんて誰も思わないですよね。よほどの高級車でもない限り。時代は変わったのです。

シェアリングエコノミーは、経済的なメリットばかりでなく、社会的問題の解決に繋がることも期待されています。

## ☆社会問題の解決

例として、子供のシッターや家事代行などの人材マッチングサービスがあります。保育所や保育士不足が大きな社会問題になっている現代。シェアリングエコノミーを利用するケースが増えてきています。

他の例では、地方など、空き家の多さと人口減少を課題としている地域において、空き家をシェアスペースとして有効活用し、外から人を呼び込むことによって経済活動につながり、課題の解決となることが期待されています。

## ☆新たな働き方としての活用

自分の持っているスキルを、他人にシェアして収入を得るサービスも話題を呼んでいます。自分にとってはできて当たり前のことでも、誰かにとっては貴重なスキルであることがあります。ココナラやクラウドワークスなど、スキルを交換するサービスが活用されています。また、事情がありフルタイムで働くのが難しい人にとって、新たな働き方としての選択肢にもなるでしょう。

このように、多方面で注目を集めるシェアリングエコノミー。

今後、さらに市場規模が大きくなっていきます。世界的に有名なコンサルティング会社プライスウォーターハウスクーパースによると、2013年に約150億ドルだったシェアリングエコノミーの市場規模は、2025年には約3350億ドル規模に成長する見込みだそうです。

## 買わない不動産投資のメリット

本項では、買わない不動産投資のメリットについてお伝えします。

【メリット】

❶小資本で始められる
❷一人でできる
❸リスクが限定的

❹資格や専門性は不要
❺高い利回りが実現できる
❻属性関係なし
❼すぐに始められる
❽撤退しやすい

一つずつ簡単に説明していきます。

### ❶小資本で始められる

数十万円から取り組めるため、資金の薄い方や、投資初心者の方でも安心して始めやすいです。大金を投じたり、借金をしたりする必要はありません。

### ❷一人でできる

開業も運営も全て自分一人で完結します。スタッフを雇ったり、コネを作ったりする必要はありません。気ままに自分のペースでやっていけます。

### ❸リスクが限定的

株やＦＸのように突然お金が溶けるリスクや、不動産投資のように借金をするリスクがありません。最大のリスクは、自分が初期投資で使った現金額だけに限定されます。

## ❹資格や専門性は不要

資格を取るなど、専門家になる必要は一切ありません。

## ❺高い利回りが実現できる

通常、投資の利回りというと、数％が平均的です。買わない不動産投資では、利回りは数十％以上から、高い場合は１００％も夢ではありません。実践している多くの方が、２、３年もあれば初期投資が回収できています。

## ❻属性関係なし

「属性」とは、個人の職種や勤務先などの社会的立場や、年収や保有資産などの経済的状況により金融機関から判断される、あなたの信用性の格付けとなりますが、融資を受ける必要がなければ、関係ないため、属性が低い方でも問題なく取り組むことができます。

### ❼ すぐに始められる

物件に家具家電を設置すれば開業できるため、スピーディにスタートすることができます。

### ❽ 撤退しやすい

万が一赤字になっても、物件の賃貸契約を解約するだけで終了できます。銀行から借り入れをしているとそういうわけにはいきませんが、この場合やめたくなったらやめればいいだけです。

以上、「買わない不動産投資」のメリットを簡単にお伝えしました。詳しくは、後ほどゆっくり掘り下げてお話ししていきます。

## プラットフォームビジネスの凄さ

利用するお客さんの募集をするために、※プラットフォームを活用します。予約が入っ

※物やサービスを利用する人と、
提供者をつなぐ場のこと。

た時だけプラットフォームに手数料を支払います。掲載は無料。成果報酬の仕組みです。

言うまでもないですが、事業活動において「**集客**」と「**セールス**」が**一番難しい**わけです。極端な話、それが全てです。

実際、起業して失敗するケースのほとんどはこれです。全会社のうち、5年以内に80％が廃業するといわれています。

「世の中にない新しいアイデアを形にしたい」「自分の特技があるのでビジネスになりそう」など、夢見る人は多いのですが、結局は、それが上手くいくかどうかは、集客やセールスが成功するかどうかなんですね。斬新なアイデアがあったところで、得意分野があったところで、お金を払ってくれる存在がなければ、趣味にしかならないのです。

弁護士や開業医のような国家資格の専門家でさえも、どれだけ優れた知識や腕があったとしても、集客やセールスがうまくいかないことには、事業が立ちいかないのです。

きっとあなたも、何かビジネスを始めてみたいけれども、お客さんがいないのではないでしょうか。

その、最も難しい集客とセールスを代行してもらえるのが、プラットフォームビジネスのなのです。

だからこそ、初心者でも成し得るわけです。そのシステムが使えることは物凄いことだと思います。

「買わない不動産投資」以外のビジネスでも存在します。メルカリやアマゾンでの物販なども同じです。

メルカリなどでは、一般個人が商品を出品してお金を稼いだりしていますよね？

本来であれば、何か物を売りたいとして、店舗を構えたり、自社でネットショップを立ち上げたりしてスタートします。ですが、店舗を開業したところで、認知がないのでお客さんは来ませんし、ネットショップを作ったところで簡単にはアクセスは来ません。

知ってもらうために、広告費を費やし続ける必要がありますし、それができなければ、道端でビラまきや、歩いている人に声をかけキャッチをする必要があり、途方に暮れることでしょう。

そもそも、自分でショップを一から立ち上げた場合、信頼性すら獲得するのは容易ではありません。そもそもあなたのネットショップが詐欺サイトではないかと疑われたりするようなステージから始める必要があるのです。あなたも、知らない人から物を買うとして、メルカリが仲介に入っているから安心して買えるのですよね？　どこの誰だか知らない人と直接ショートメールでやりとりして、カード番号を教えたりするでしょうか？

プラットフォームが間に入ってくれることで、お互い信用して取引ができているのです。これは、起業したばかりでまだ信用がない会社や個人にとって、大きなメリットです。

このように、**プラットフォームの環境が整っているビジネス**を選ぶことで、最大の難関である集客やセールスをカバーしてもらえるのです。

これから何かビジネスを始めたい場合は、この視点で調べてみると効率的です。初心者でも、一気に軌道に乗せやすくなります。

## イマ、追い風

前項までで、マーケット環境ついてお伝えしてきました。

それに加え、今回の新型コロナウイルス。

言うまでもないですが、今回の新型コロナウイルスで個室への需要が増えました。

万人共通の認識で、大衆と交わる公共環境を避けたいと感じており、他者と隔離されたスペースへのニーズが高まっています。おそらく、この風潮は、今後も長く続くでしょう。

**「個室の場所」を提供する、このビジネスにとって追い風となっているのです。**

ビジネスで成功するためには、時代の流れが重要だとお話をしました。

エスカレーターを使った例え話もお伝えしましたね。

伸びていくマーケットを選べば、初心者でも、成功する確率が高いのです。

## 「利回り」とは？

「利回り」とは、投資金額に対しての収益の割合を1年あたりの平均で表したものです。
投資した金額でどれだけの収益が得られるのか、運用の成果を計る基準となり、株や為替や債券や不動産など、様々な投資商品に使用される指標です。

例えば、**100万円**の投資商品を買ったとして、年間に5万円が入ってきているとすれば、**利回り5％**となります。

5万円÷100万円×100＝5％

「利回り5％」ということは、**20年で元本を回収できる**という意味です。

利回りの計算方法は、次のようになります。

利回り＝年間の収入÷購入価格×100

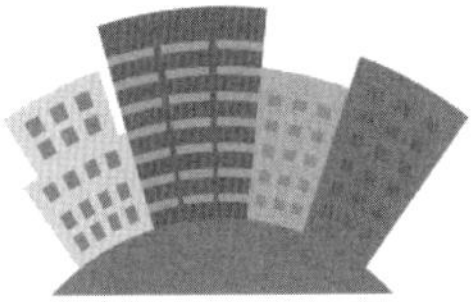

第5章

# お金と自分の関係

改めまして。大神麗子と申します。私ですが、5年で純金融資産2億円以上を築いたことで、メディアに取り上げられることが増え、ひょっとすると、あなたも、どこかのニュースで私の存在を知ってくださり、本書に興味を持ってくださったのかもしれません。

「純金融資産」とは、保有する預貯金、株式、債券、投資信託など金融資産の合計額から、負債を差し引いた金額を意味しています。不動産は含まれません。

要するに、主に現金など、純粋な自分の金融資産のことですね。

テレビや雑誌やネットなどを見ていると、世の中は「**お金持ちになりたい**」という人が多いようです。

近年では「億り人」というワードが流行したのが記憶に新しく、多くの方が興味や憧れを抱く姿となっています。

これは当然といえば当然かもしれません。お金は毎日使いますし、お金のために毎日働いており、欲しいものはたくさんありますので、「お金」に興味が集まるのは自然なことです。私自身は、自分のことを金持ちだと思ったことなどは一度もないわけですが、ここで少しお金について考えてみたいと思います。

## お金持ちとは？

では、「お金持ち」とは、一体なんなのでしょうか。

何を以ってお金持ちといえるのでしょう。

一般的に富裕層というのは、「純金融資産」が1億円以上ある人のことを指しているようです。

野村総合研究所（NRI）が、NRI富裕層アンケート調査というものを実施しており、この際に用いられた指標が、現在の日本国内では一般的に使われています。

だから、フレーズも「億り人（1億）」なのかもしれませんね。そうでなければ基準は3000万でも3億でもいいはずですから。

ここで、データを見てみましょう。

野村総合研究所のニュースリリース（2018年12月）によると、総人口に占める富裕層（1億円以上の純金融資産保持者）は126・7万世帯いるようです。総務省の発表によれば日本の人口は1億2670万人程度と推計されていますから、計算すれば、

２９９万１２０人ということになります。

**つまり「全人口の2・36%はお金持ちがいる」**ということですね。実際は、「世帯」カウントですのでもっと少ない（夫婦合算だからです。例えば、夫のみの資産額が多い場合でも、妻もカウントに含まれているため）とはいえど、一定数いるのです。

富裕層の世帯数ですが、近年は、若干増加しています。

増加した理由としては、もともと純金融資産が５０００万円以上1億円未満であった「準富裕層」が、近年の好景気によって資産を増やし、富裕層の枠へ移行したことだといわれています。つまり、全体が潤ったということではなく、もともとあった人がさらにお金を増やしたという話で、アベノミクスによる株価高騰などが原因だといわれています。

ちなみに、世界から見た日本の富裕層の人数は、ランキング第3位を誇っています。

２０１８年10月に発表された「２０１８年 グローバル・ウェルス・レポート」では、１００万ドル（日本円約1億１０００万円）以上の資産を持つ富裕層は２８０万人で、これは1位のアメリカ、2位中国に次ぐ、世界3位と記されています。

こんなデータもあります。

**＊「親リッチ」は金融リテラシーや金融情報感度が「非親リッチ」より高い**

野村総合研究所（ＮＲＩ）は、「２０１７年の純金融資産保有額別世帯数と資産規模についての推計」で親リッチと、非親リッチとの比較調査を実施しました。

調査結果によれば、親が富裕層である場合、比例して、子供の金融リテラシーも高くなると述べられています。親が富裕層（親リッチ）において、金融リテラシーの水準が高い割合は男性が57%、女性が39%であり、非親リッチよりも男性が21%、女性が19%ポイントが高いそうです。この統計を見ると、**親である立場の者がしっかりと資産形成をすることが、将来の子供の経済状況にも良い影響を与える**と考えることができます。

加えて、金融リテラシーに限った話ではなく、実際の学力にも影響がないともいえません。**「東大生の家はお金持ち」**などというフレーズを耳にしたこともあるのではないでしょうか。東大かどうかは別として、学業といえども、純粋な子供の勝負とはいえない現状があり、幼少期からの通塾や早期受験をはじめとした、親による教育投資の差が出ているという例えです。

学業のみならず、文化的なことを学ばせるにも、習い事などお金がかかりますし、音楽や芸術を教育するにもお金がかかります。留学をしたい！　スポーツ選手になりたい！　これら、すべて、育成にはお金がかかるものです。

やはり、親の「お金」が、子供の将来に全く影響がないということは難しいでしょう。

お金は、贅沢をしたり、散財したりするためだけに稼ぐものではないのです。あなたの大切な人の可能性を広げ、より多くの愛を注ぐためにもあった方が幸せだといえます。

## 幸せな状態とは

ここまで、お金に関してデータを元に解説をしてきましたが、本書は、「セレブになりましょう」「億り人になりましょう」といった類いの呼びかけではありません。それは別の書に譲るとします。

本書の目的は、経済的に「**幸せな状態になる**」ことです。

前述の通り、私はこれまでに、たくさんの方々に対してセミナーや個人面談でお会いしてきました。その機会を経て、私が思うに、「幸せな状態」とは、今の収入より「プラスアルファ」が増えて、**お金を理由に我慢することが多くない状態**のことではないかと思います。

というのも、「お金持ちになりたい」との相談に対し、「なぜそう思うのですか」と、ご質問をした際に返ってくるのは、このような回答です。

・海外旅行に年に何度か行きたい
・欲しいものがある
・毎月、高級レストランでディナーしたい
・高級ホテルに泊まりたい
・趣味を楽しみたい
・お金の不安から解放されたい

つまり、希望を実現するのに、大金は必要のない内容のことがほとんどで、実は、「お金持ち」を目指す必要もないことだったりするのです。

「そんなの、たくさんあればあるほど嬉しいに決まってる！」という声が聞こえてきそうですが、大きく稼ぐためには大きなチャレンジをしなければいけません。リスクとリターンは比例する原則だからです。ですが、多くの方は、起業家や専業投資家のように、大きなリスクをとって、サイヤ人のように仕事をしてまで大きな変化を求めているわけではないのです。朝起きてから寝るまでビジネスのことで頭がいっぱいの毎日を送ることは避けたい。ストイックな人生を歩むことは望んでいないのです。

そうではなくて、あまりリスクを取らずに、今の生活の枠組みは残したまま、今より収入を増やし、お金に縛られずに楽しい毎日を過ごす姿を望んでおられるのです。そのため、このようなお金と自分の関係を「幸せな状態」と本書では考えます。

次章からは、お待ちかねの、具体的手法について、お伝えしていきます。

第6章

# パーティスペース投資

## パーティスペース投資とは

パーティスペース投資とは、部屋を作り込んでスペースを貸し出す投資です。部屋にオリジナルの内装を施した後、ゲーム機やたこ焼き器などのグッズを設置し、遊べるスペースとして提供します。

利用用途は、女子会、宅飲み、オフ会など幅広く、まるまる借り切って自分達だけの空間として利用できるため人気がでています。

難しいことは必要ありません。とことん面白く、あなたのセンスを光らせていくことが人気を呼ぶことにつながります。

年代別、性別、地域別など、多種多様なニーズがあります。社交的な人のニーズもあれば、オタクにはオタクのニーズがあるものです。

マス層（大勢の人）をターゲットにしようとすると、無難な方向に向かってしまい、結果的に、何の変哲もない物件になってしまいます。そうではなくて、あなたの**ありのまま**を尖《とが》らせるほうが、あなたと同じような人に**刺さる**のです。利用した人がファンになって

**くれることが理想です。**

**まずは、次項で、パーティスペースにどんな需要があるのかお伝えしていきます。**

（コソッ）余談ですが、部屋を貸すので横文字ではレンタルルームと呼びたいところなのですが。個人的に、「レンタルルーム」いう呼び方をしない理由ですが……。あのですね、通称レンタルルームというものが、アダルト向けにあるようでして（笑）。勘違いされそうなので、パーティスペースと呼ぶようにしています。実際はパーティ利用だけではないのですがね。

レンタルルームという名の、実質、ラブホなのですが、「寝具を置いていない」という主張で、半分違法で営業している施設が存在します。旅館業も風営法も取らずに、個室に布団無しでベッドだけむき出しで置いてあるんです。男女のカップルや、デリ○リー系のお姉さん達が出入りしているようなのです。新橋や新宿などにありますす（笑）。

あ！　私はユーザーで使ったわけではありませんよ。旅館業に精通しているため知っているだけですので。お間違えなくお願いしますね。

## パーティスペースにはこんな需要あり！

### ☆ 女子会

女子会需要は根強いです。

パーティ。カワイイ。インスタ映え。

誕生日パーティは、女子にとって、一大イベントです。

飲食店でやるのもいいのですが、貸し切りの部屋だと**お部屋がデコレーション**できることが人気を呼んでいます。理由はもちろんインスタ映え。

実際、運営している宿泊施設ですらも、泊まっているのかと思いきや、実際は女子会利用だったケースは多く、チェックアウト後に、部屋に風船がゴロゴロ、輪っかの装飾が！なんてことはザラでした。（パーティスペースであれば、退出時はお客さん自身でゴミを捨てていただくシステムなのですが、宿泊施設の場合は、こちら側の清掃業者が清掃をするため、残骸が見られるのです）。

清掃に入った瞬間、壁に「HAPPY BIRTHDAY ASUKA」。（あー、今日はアスカさんの誕生日だったのかー）と知る形になります。

女子会需要は根強いです。「可愛いお部屋と、可愛いお洋服と、可愛い私たち♡」

それだけではありません。ハロウィンパーティ、クリパ。女子はパーティが多いのです。仲良し8人グループなら年間8回の誕生日パーティに、ハロウィン、クリスマス、忘年会、記念日、○○会、○○会……。とりあえず毎月祝っているのです。

インスタ映えは絶対条件ですから、女子に選んでもらうためには、写真が映える部屋にすることが必須です。壁紙や照明器具、インテリアや小物で差をつけましょう。大きめのライトがあるといいと思います。自撮りをする時に盛れますから……。あとは、全身鏡や、ヘアアイロン、ドライヤーなどがあれば、喜んでもらえそうです。

**可愛い女の子が来るのです。**可愛くて清潔な部屋をこしらえましょう。

## ☆カップル

カップルで利用するお客さんも増えてきました。

あ、本当に付き合っているのか、ただの男と女なのか、夫婦なのか、はたまた不倫なのか、その辺のことはわからないですからご容赦くださいね。あくまで男性と女性が2名でご予約の件です。

新たなデートの選択肢として、**結構アリ**なのではないかと思っています。

というのも、シティホテルは、チェックインが15時や16時以降しか無理ですから、昼間にゆっくりできる場所がないのです。

カフェや買い物は、他のお客さんもたくさんいますが、せっかくカップルなのですし二人っきりで居たいですからね。

ホテルではなく普通の家であるため、**同棲してるような感覚を味わえる**とのお声も聞いています。

ベッドは置いてないですから、ストイックな時間になるのかもしれませんが……。

(寝具を置くと旅館業法という法律に抵触してしまうので置けないのですよ……。すみません)

あ、それとか！　まだ付き合う前のデートの場合、ホテルとか誘いにくいじゃないですか。チャラい男だと思われても困りますしね。そういう時に使う手もありかもしれない説。

## ☆宅飲み

宅飲み利用も多いです。物件に、たこ焼き器や、ホットプレート、テレビゲーム類などのグッズを置いておくと選んでもらいやすくなります。

宅飲み利用は、若者だけではなくて、社会人や、親戚が来た際に親族大勢で使うなど、さまざまな層から予約があります。

飲食店であれば閉店時間を気にしなければいけないのですが、何時まででも居られるので、その辺りも人気の理由となっています。酔ってる時に帰宅するのって、つらいですからね……。

貸し切りであれば、パジャマやジャージ等、ラフな格好で飲めますし、他のお客さんもいないので、ゆっくりくつろげます。トランプやウノをしたり、テレビでお笑い番組見たり。ぐーたら過ごせます。

誰かの家で開催するとなると家主に気を使ってしまいますが、そういった気苦労もありません。

物件を借り切って宅飲みするのって、めっちゃ楽しいですよ。自由感がハンパないです。形式張ったお店とは違って、みんなリラックスしているからこそ、秘密の話もしやすくなったりします。絆が深まりますよね。

その他、仲間とルームシェアで暮らしているような疑似体験が味わえたという感想もありました。

## ☆ママ友会

ママ友会に関しては、1章でお話ししました。ママ友の集まりで好まれるのは、安全性が高い部屋であること（床にマットなど）、マンションであればエレベーターがある物件であること、（ベビーカーなどの理由）、広めの物件であることなどです。

子供のおもちゃや、キッチン用品が充実している物件は人気が出やすいですね。お料理会も開催されます。

ベビーベッドやベビーカーがあるとさらにいいです。一口に子供といっても、各自の子供の年齢がバラバラであるケースも多いですから、対応範囲が広いと喜ばれます。

## ☆交流会

社会人サークル、起業サロン、異業種交流会など、目的を持って集まる人々が交流する会のことです。

会によっては、騒音になりやすいので、防音対策が必要です。先ほど挙げた「宅飲み」とも似ているのですが、宅飲みは、気心の知れた仲間同士でダラダラのんびりされる方が多いんですね、案外騒がない。

交流会系が一番騒音に気をつける必要があります。新規の人と会話をする時って、明るく振る舞ったり、声を張って喋ったりするのが人間の傾向としてあるようですから。大勢の人が同時に交流中なわけで、声の総量が大きくなってしまいます。

## ☆動画撮影

番組やYouTubeなどの撮影に使う利用方法です。企業が、プロモーション動画の撮影のために利用することもあります。最近は、非常に多くの人がYouTubeをはじめとした動画配信を始めていますよね。「見る側」から「発信側」になる人が増えています。時代の象徴ですね。

オンラインセミナーの撮影や配信、結婚式のムービー撮影などにもご利用いただいています。

「動画を撮影するだけなら自宅でいいのでは？」との声も聞こえてきそうですが、自宅だと背景の見栄えが悪くなってしまう事情がある方もいるでしょう。散らかっていたり、古かったり。動画のクオリティを上げるため、環境への投資をされる方がいます。

その他、コスプレ会、レッスン、映画鑑賞会、スポーツ観戦、オフ会など、幅広い用途でご利用いただいています。

## 開業の仕方

パーティスペース開業の流れは、ざっくりとこのようになります。

1．物件を探して契約

2. インテリア検討
3. 家具家電や備品等準備
4. 立ち上げ
5. 部屋の写真を撮影
6. サイトに掲載

## ☆準備するもの

基本的な家具家電一式と、あなたのコンセプトに合った部屋を作るために必要なものを揃えます。ここでは、基本的な家具家電を記載しておきます。

**・家具家電**

テーブル、チェア、冷蔵庫、レンジ、ケトル、テレビ、照明、ソファー、棚やラック、加湿器など

**・備品**

クッション、ラグ、キッチン用品、Wi-Fi設備、掃除機、カーテン、スリッパ、座布団

など

**・消耗品**

ハンドソープ、ティッシュ、トイレットペーパー、洗剤、掃除用具、お部屋の消臭剤など

**・その他コンセプトに合ったもの**

パーティグッズ、プロジェクター、スクリーン、炊飯器、オーブン、たこ焼き器、鍋パの鍋、トランプ、ヘアアイロン、ドライヤー、ドレッサー、DVDプレーヤー、音声スピーカー、コーヒーメーカー、ゲーム機（ニンテンドーゲームキューブやスイッチ）、漫画、照明機材、コスプレ衣装、タブレットなど

**・注意書き**

ルールを守ってご利用いただくために、注意書きを貼りましょう。

**【注意書きの内容】**

・ゴミは持ち帰ってください

・時間外利用禁止
・室内喫煙禁止
・土足禁止
・退出時は電気を消して

## コンセプト企画

お客さんは、たくさんある物件の中から比較検討して最終的に1つを予約します。そのため、やはり、**最後の1つに選ばれなくてはいけない**わけです。適当にやっているだけでは、やはり予約は入りません。競合の物件も多いからです。

コンセプト企画はとても大切ですので、力を入れてください。

運営がスタートした後も、反応を見ながらブラッシュアップして育てていきましょう。

テスティングをして実際の需要を測定することもオススメです。私の場合は、A／Bテストを実施しています。「A／Bテスト」とは、AパターンとBパターン2つの対象物を用意し、どちらの方が効果が高いかを測定するマーケティング用語です。ほぼ同条件の部屋に、それぞれ違うパターンの内装を施し、どちらの方が反応が良かったか（アクセス数・予約数など）テストしながら、良い方の案を残していくのです。

## ターゲティング

ターゲティングにおいては、ペルソナを設定し、ペルソナをリサーチした上で、ニーズにマッチした物件を作りましょう。

「ペルソナ」とは、マーケティング用語で、サービスや商品の典型的なユーザー層を、具体的に1人の人物像まで落とし込んだ設定のことを指します。年齢、性別、職業、居住地、趣味、家族構成、特技、価値観、ライフスタイルなどを詳細に想定します。

ペルソナ設定をする意味は、例えば「ターゲットは女性」といったようなアバウトな設定であると、一口に「女性」といっても十人十色ですからぼやけます。女子高生と妊婦とキャリアウーマンでは、好きなものも、求めるものも違いますよね。

「とりあえず、ピンクの壁紙でやっておけば女性から人気出るだろう」ほど、単純な話ではないことは明白です。多くの人に選ばれようとすると、結果的に誰からも選ばれなくなってしまうことがあるのです。

ユーザーは、たくさんある物件の中から比較して、**最終的に1つだけを予約するわけですから、最後の1つに選ばれなくては一円にもならない**わけです。ここを深く理解してください。

予約サイトに並んだ物件写真を見て「わ～綺麗～」と言ってもらっているだけではダメなのです。それで意味をなすことも別のビジネスであればありえますが、このビジネスでは意味がないのです。

極端な話、100人が素敵と思う（でも予約はしない）物件と、99人が変だと思うけど1人が予約してくれたなら後者の方に意味があるのです。ここの本質が理解できないまま進めてコケる人は非常に多いです。

ペルソナを設定し、リサーチした上で、ニーズにマッチした物件を作りましょう。

リサーチ方法としては、**そのペルソナが読みそうな雑誌をチェックしてみる、SNSを見てみる、**ペルソナと似た俳優が主演している映画やドラマを見る、友人の中で当てはまる人に直接話を聞いてみるなどが有効です。

私自身も、SNSで検索し、ターゲット層の世界では、今どんなものが流行っているのかをリサーチしたり、ターゲット層の世界観を描いたドラマを見て、その層の思考回路に触れる時間を作ったりしています。

ですが、あまりにも自分とかけ離れたターゲットであれば、リサーチだけでも一苦労です。的外れになる可能性だってあります。

そのため、**やはり、「自分自身」をペルソナにおいて、自分自身に刺さるテーマ**にすることが最も有効です。自分自身にグイグイ刺さる案を盛り込んで、そのテーマを極めるのです。

あなたがゲーマーであれば、とことんゲーム好きのことを知っているはずですから、それをカタチにすればいいですし、美容でも、アニメでも、何でも同じことです。

（エヴァンゲリオン好きなら、この部屋はたまらなくて、何時間でも居れるだろうなぁ）

そんなことを考えながら、フィギュアのコレクションを飾ったり――。

ペルソナを自分に設定する方法が、**リサーチが不要**な上に、とことん楽しみながら追求できる最良の道だと思っています。そうなると、**遊びと仕事の境界線がなくなります。**「仕事はしんどいけど、お金のために我慢しよう」なんて思わなくていいのです。自分が好きなものを極めることが、仕事になり、遊びも仕事も楽しみになる。私は、**これからの時代は、お金は楽しみながら稼ぐものだ**と思っています。

## 運営の仕方

パーティスペースを運用する流れはこのようになります。

サイトに物件を登録。掲載先はスペースマーケットかインスタベースです。

↓

予約が入る（質問の問い合わせが来たら返信対応）

↓

お客さんが到着して利用

↓

清掃は週1程度実施（基本的にお客さんご自身で清掃して退出してもらいますが、週に1度程度はメンテナンス清掃を入れた方がいいです）

掲載サイトのQRを152ページに貼っておきますので、そこから登録できます。

## トラブル

主にあるトラブルはこの8点です。

❶カギのトラブル
❷次の利用者が来た時に前の利用者がまだいる

❸不正利用
❹ダブルブッキング
❺部屋が汚い
❻騒音
❼忘れ物、着払い郵送
❽備品の故障

## ❶カギのトラブル

このトラブルが一番多いです。キーボックスの開け方がわからない、電子キータイプの場合は電池が切れてしまっていた、前のお客さんが間違えてカギを持って帰ってしまったなどのトラブルが起こります。

対策としては、予備のカギを集合ポストに入れておき、緊急時に案内する方法などがあります。

ただ、最も簡単な方法があり、私の物件に関しては、**開けっぱなし**で運営しています。

最初からカギを使用しないという逆の発想です。この方法だとカギのトラブルはゼロです。

リスクとしては、部外者も誰でも入れてしまうため、盗難などが怖い方はできないかもしれませんが、カギ系のトラブルは多いので、対応が無くなるだけで相当運営がラクになります。

万が一、泥棒が入ったとしても、たいしたものは置いていないので、まあいいかなと思っています。そもそも、外観は住居用の物件なわけで、その部屋がパーティスペースで、しかも常時カギが開いているなんて、よほどのことがない限り部外者からはわからないでしょう。

天秤にかけても、カギ系のトラブルから解放される労力軽減のほうに軍配が上がると感じています。

## ❷ 次の利用者が来た時に前の利用者がまだいる

終了時刻を守ってもらわないと起こります。

予約した時間が終わっているのですが、無人運営なので誰にも注意されないと思うのか、ズルズルと室内にいることがあります。

次の利用者が到着した際にハチ合わせてしまうと、その利用者が時間になってもスタートできないためトラブルになります。

対策としては、時間外利用をした場合の規約を書いておくことや、時間を延長する方法をお客さんにわかりやすく伝えておくことです。注意書きに記載して部屋に貼っておきましょう。延長の方法が簡単であれば、サクッとやってくれる人も多いでしょう。

例：注意書きに写真付きで記載。予約サイトの「予約履歴」のボタンを押す↓「予約一覧」をクリック↓一番下までスクロールすると「延長する」のボタンがあります。

## ❸ 不正利用

予約せずに利用されることを指します。

過去に一度利用された方には、入室の方法を教えているため、勝手に入ろうと思えば入れてしまうのです。対策としては、こまめに、キーボックスなどの番号を変更することです。

こちらは、**不法侵入罪**になりますので、結構重い話のはずですが、運が悪ければ起こることがあるトラブルです。

心配な方は、玄関などの出入り口にカメラを設置することも予防につながります。室内にカメラをつけることは盗撮行為になりますので止めましょう。出入り口であれば大丈夫です。

まあ、実際のところ、誰もいない時に使われていても、実損が発生するわけではないので、対策に投資していないオーナーが多いのは事実です（オーナー自体不正利用されていることを気づかない）。もちろん、防止したいことではあります。

## ❹ダブルブッキング

ダブルブッキングとは、誤って同時刻に2組以上のお客さんの予約を受け付けてしまったことを指します。

通常、1つのサイトにしか掲載していなければ起こらないのですが、複数のサイトで募集している場合、両方から同時刻で予約が入ってしまっていたというトラブルがあります。

例えば、3月3日の13～16時にスペースマーケットから予約が入っているのに、インスタベースからも、同じ日の15~19時の予約が入っていた場合、15~16時の1時間がダブルブッキングになってしまっています。

対策としては、**Googleカレンダーに連動させるなどして、管理をする**ことです。宿泊業であれば、一元管理（サイトコントローラー）のシステムが整っているため、複数のサイトに掲載していても管理できる方法があるのですが、パーティスペースの場合、まだできたばかりのビジネスのため、そういったシステムが整っていません。Googleカレンダーに連動したところで、予約サイトへの反映は自分が手作業でやることになります。将来的には、連携システムや、サイトコントローラーが開発されることを期待しています。

## ❺部屋が汚い

清掃に関するクレームが起こることがあります。

前の利用者が部屋を汚したり、ゴミを持ち帰らなかったりする場合があると、次の利用者に迷惑がかかります。

対策としては、ゲストごとに毎回清掃に入ることですが、清掃費用の経費のこともありますので、そういうわけにはいかない事情もあると思います。少しでも防止するために、週に1度程度は清掃に入るようにしましょう。

また、ゴミを放置して退出した場合の規約を、予め明記しておくことも、抑止につながります。

例：ゴミを置いたままにされた場合は、迷惑料として1万円頂きます。

## ❻ 騒音

パーティのため利用者が騒いでしまうことがあります。近隣住民の方からの苦情のトラブルに発展しないように気をつけましょう。

そもそもパーティで集まっているので、「騒がないで」という注意書きもおかしな話です。トラブルを未然に防ぐためには、防音の部屋で開業することや、なるべく住宅地は避けること、また飲食店などの店舗などが入っている建物で開業することなどです。

## ❼忘れ物、着払い郵送

忘れ物をするお客さんがいます。「着払いで構わないので郵送してほしい」とリクエストがきます。お忘れものをお返しする。「それ、トラブルなの？」と声が聞こえてきそうですが、これが結構大変なのです。物件は無人で運営しているため、現地にいるわけではなく、わざわざ自分が物件まで取りに行かなくてはいけないため、労力となってしまいます。自宅から物件までが遠いことだってあります。

また、忘れ物をしたことに気づくのが遅かった場合、そのゲスト以降にも次のゲストが入ってしまっているため、忘れ物が次の利用者によって捨てられていたり、紛失・破損したりするということも考えられます。

実際のところ、当の本人が忘れて帰ってしまうくらいなので、「忘れもの」と誰もが気づくような物ではないことも多く、本人にとっては大切なものでも、他人からすればゴミの捨て忘れかなと勘違いして、次の利用者が悪気なく捨ててしまう（好意で捨ててくれている）ケースはあるのです。室内で脱いだ靴下を忘れたとか、そういった件です。

不要なトラブルに発展しないよう、利用規約に「スペース内における利用者の持ち物の紛失・盗難・忘れ物に関しては責任を負いません」という内容を盛り込みましょう。

### ❽ 備品の故障

物品が壊れていないか、定期的に確認しましょう。

例えば、プロジェクターを使うも映像が流れないといった場合、イベントの種類によっては会そのものが成り立たなくなる可能性があり（例：結婚式の二次会など）、お客さんにご迷惑をかけてしまいます。もちろん全額返金のトラブルに発展する可能性もあります。

## 初期投資

パーティスペースを開業するための初期費用について解説します。

最安値で仕上げた場合、80万円程度で開業できるでしょう。

初期費用とは、物件の契約金と室内什器の代金を指します。

物件の契約金とは、敷金・礼金・仲介手数料・保証会社加入料・保証金などです。
例として賃料10万円の物件で開業する場合の初期費用の内訳はこうなります。

**【初期費用内訳】**

敷金 10万円
礼金 10万円
仲介手数料 11万円
保証会社加入料 10万円
火災保険加入 2万円
ソファー 5万円
ラグ 1万円
クッションや座布団 1万円
スタンドライト等 3万円
テレビ 6万円
レンジ 1万円
ダイニングテーブルセット 5万円
キッチン用品 2万円
インターネット工事 2万円

冷蔵庫　4万円
掃除用具　1万円
カーテン　1万円
ゲーム機やパーティグッズなどエンタメ系　5万円
合計　80万円

ただ、最安値であれば80万円程度で開業できるといえど、実際にはもう少し予算に余裕をみて１２０万円程度であることが平均的です。

理由としては、広い物件の方が人気は高いのですが、広いとその分賃料は高くなることや、家具家電などの設備を充実させた方が人気が出るためです。

自己所有の物件で開業する場合は、家具家電の購入代くらいしかかかりませんので、あまりお金をかけずに開業できます。

## ランニングコスト

パーティスペースを運営する上での経費について説明します。

### ランニングコストの項目

- 賃料
- 公共料金（電気・ガス・水道）
- インターネットかWi-Fi
- 予約サイトの手数料（売り上げの30～35％）
- 運用代行業者への手数料（売り上げの10％）
- （清掃を業者に委託する場合は清掃料金）

予約サイトの手数料はサイトによって異なりますが、スペースマーケットの場合は30％、インスタベースは35％です。予約が成立した場合のみ成功報酬で発生します。掲載は無料です。

自主管理するのであれば運用代行業者への代行手数料は不要ですが、任せる場合は10％程度が相場となっています。

清掃に週1回程度入ることをオススメしますが、好きな時間に行けばいいので（空室時）、コストを抑えたい方は、空いている日に自分で清掃しましょう。清掃業者に委託する場合の料金の相場は、1回あたり5000〜2万円程度です（広さによって変動）。

ざっとですが、ここで経費を計算してみましょう。平均的な物件の例として賃料10万円、月の売り上げ30万円で考えてみます。

・賃料 10万円
・公共料金 1万円
・Wi-Fi 4000円
・スペースマーケット手数料 9万円

10万円＋1万円＋4000円＋9万円＝20万4000円

合計すると、月の経費が20万4000円です。

最大の難点は、サイト手数料が高い点です。30％以上かかるので、売り上げの約3分の1のボリュームになり痛手です。

比較例として、宿泊業であれば、サイト手数料は3～12％ですので、かなり高いことがわかるかと思います。同じ30万円の売り上げの場合、Airbnb《エアビーアンドビー》ではサイト手数料は9000円なのに対し、こちらでは9万円と、10倍も違います。

この点が、パーティスペースが、現状、宿泊業よりも儲かりにくい一因となっています。将来的には多くのプラットフォームが誕生することで、市場の原理で適正化されていくと思っています。

その動きはすでに始まっており、つい最近、新サービスの登場がありました。知ってる人はまだほとんどいないかとは思いますが、サイト名は「スペース便」といいます。既存のプラットフォームと内容は同じで、手数料が15％のようです。30～35％かかっていたものが半分以下になりますから、是非活用したいですね。

「スペース便」ですが、大容量データ送受信サービス「データ便」のサービス事業を手掛ける、株式会社ファルコがローンチしました。「データ便」は使ったことがある人も多いのではないでしょうか。サービスとしても知名度のある企業ですが、このビジネスをチャンスに感じ、参入されました。

## 収益計算

先ほどの例で計算した場合、売り上げが30万円、経費が20万4000円ですので、**利益は9万6000円**です。

売り上げが30万円ですので、1カ月が30日とした場合、1日の売り上げが1万円です。1時間2000円ほどで貸し出した場合、5時間分の予約です。

ただ、アベレージではこのようになりますが、実際は、パーティ予約は土日に集中するため、土日の単価がグッとあがり、代わりに、平日の午前中は予約が入りづらいなど、変動幅があります。

同じ物件でも、最安値1時間800円から最高値1時間4000円くらいの幅があるなど、日時によって5倍近く開きがあったりします。

そのため、収入に関しては、時間単価を気にするよりも、月トータルで考えると良いです。

また、高評価レビューが大量に溜まってくるなど、SNS映えに活用するユーザーによってバズった（人気が出た）場合、かなり高収益になることもあります。実際に、スペースマーケットのトップホストの物件は、**1物件で月商100万円超え**をしています。

**たった80万円の投資で、月々9万6000円が入ってくる**のはすごいですよね。

1カ月に9万6000円の利益があるとなれば、1年にすれば115万2000円です。**この1物件で年間に100万円以上も収入が生まれる**計算になります。粗利ですから、あなたが好きに使えるお金です。

## オリジナルの戦略を考える

### ☆『楽しい！』を仕掛ける

「カラオケ館」に行ったことがありますでしょうか？

コスプレ衣装の貸し出しをしています。

セーラー服、ピカチュウ、ＡＫＢ、王子様など、バリエーション豊富です。カツラもあります。タンバリン、カスタネット、マラカス。

盛り上がるためのグッズを用意して、お客さんの「楽しい！」が倍増するように準備しているのです。

ただ歌うだけよりも、みんなで仮装しながら飲んで騒げば、楽しさ１００倍です。

楽しんでもらう導線を考え、仕掛けること。

楽しかった経験が、リピーターを生みます。

お客さんに物件を選んでもらうためのフックの一つになることは間違いないでしょう。

衣装の貸し出しは、洗濯の手間がかかるものの、衣装自体は安く売っていますし、最初買う時以外お金がかかりません。実はコスパのいい投資なのです。これがお菓子の差し入れなどの場合、予約の度に経費がかさんでいきます。その代わり最初は少ない投資でスタートできます。自分が提供しようと思っているプラスアルファのサービスが、イニシャルコストとランニングコストのどちらにあたるのかを把握して、自分にあった方法で戦略を立てましょう。

このように、他業種からも、ヒントをもらえることがあります。

遊びに出かけて、ビジネスに取り入れていきましょう。遊ぶことも仕事につながります。

## ☆異空間への需要

普段味わえないような空間への需要があります。

「自宅ではできないような面白い空間で過ごしてみたい」

プラネタリウムの部屋や、
1000本の薔薇で埋め尽くされた部屋、
ラーメン屋の屋台を本格的に再現した内装の部屋もありました。

せっかく予約するなら、何か面白い体験をしてみたいものです。

異空間には興味をそそられますし、居るだけで楽しそうです。

ちなみに、プラネタリウムの設備は、ネットでも購入できます。

## ☆時代遅れがマネーを生む

パーティスペースは、基本的に大人が利用することが多いです。そのため、「懐かしい！」が人気を呼んだりします。

スーパーファミコン、人生ゲーム、かるた。

「あー、昔やったよね！」と、昔を思い出しながら楽しめます。

消費力が大きい年齢は、50歳くらいです。その層が一番のボリューム層ですので、遠慮せずに「**時代遅れ**」をコンセプトに打ち出していきましょう！

**時代遅れがマネーを生みます。**

あなたが若者の場合、お父さんお母さんにアドバイスを求めてみるのも面白いかもしれません。家族ぐるみで人気の物件を作り上げていくのです。

家族で、1人1物件作って、誰が高収益を上げられるか**対決してみる**のも面白そうです。子供にビジネスを学ばせるきっかけにもなることでしょう。

とにかく「楽しく！」。どんどんアイデア出しをして、ダメなら途中でコンセプトを変更してもいいのですから、試行錯誤してブラッシュアップしていくのです。

## ☆シーズンごとの企画

シーズンによって、物件の模様替えをすることもオススメです。

1つの物件でも、シーズンごとにコンセプトを変えているオーナーもいます。

春は、桜を配置して、室内花見。桜は造花で十分です。
夏は提灯や風鈴を飾って、お祭りの装飾に。
秋はお化けやカボチャを飾って、ハロウィンの装飾に。
冬はクリスマスツリーを飾って、クリスマス仕様に。

シーズンごとに違う空間を楽しめることで、ファン（固定客）が生まれます。1年に何度も利用してもらえます。

この方法は、**ダンスクラブなどでは、主流の戦略**です。

六本木などの高級ダンスクラブ等では、ＶＩＰのお客さん達を飽きさせないよう、お店側が、季節ごとにさまざまな変化を創って楽しませています。

シーズンごとに、店内の内装の装飾も変わりますし、ノベルティや、ショーの演出、BGM、スタッフの衣装、ライティングなど、細部にわたり、見事なまでに季節感を彩るための趣向が凝らされています。

お店が、女性のお客さんに無料でヘアアクセサリーを配布したりもしています。貰った女の子が喜んでつけます。サンタの帽子や、桜の髪飾りなどですね。お店に来た女の子までもが、店内の季節感を演出するアクセサリーになっているのです。女の子がつけていると、男性のお客さんはテンション倍増ですよね。

お客さんに、できるだけ多く、永く通ってもらえるように、**飽きさせない**工夫をしているのです。

このような戦略に関しても、やはり、遊びに出かけることで、ビジネスのヒントにつながります。アイデアは無限大です。

仕事のためですから（笑）。気兼ねなく、どんどん遊びに行きましょう。

## ☆ 盛り上がりたい！

部屋にスクリーンとプロジェクターを設置することもオススメです。

ニュースを見ていると、ワールドカップをみんなで見ている人々の様子が流れました。

テレビでワールドカップを見るだけなので、本来は自宅で一人で見ても、結果は同じはずなのです。


**「でも、みんなで見て盛り上がりたい！」**


みんなで見れば楽しさ倍増！　勝ったらパーッとお祭り騒ぎ。負けたら皆で怒るのです。

大勢で映画やお笑い番組を見るのも、楽しいものです。

みんなで泣いたり、みんなで爆笑したりする。


現代は、インターネットの発達で、どんどん孤立が進む時代です。オフラインにおける人と人のつながりが求められていて、みんなで時間を共有するコトに価値を感じるのです。

**一人でやっても変わらないことをみんなでやる。**

そういった楽しみ方をしていただけるのも、場所提供の醍醐味です。

第7章

# 貸し会議室投資

## 貸し会議室投資とは

貸し会議室投資とは、会議やデスクワークなどで利用したい人に向けてスペースを貸し出す投資です。

**前章のパーティスペースは、主に、プライベート利用のお客さんがメインですが、こちらはビジネスシーンで利用されるお客さんをターゲットにしています。**

物件に、ホワイトボードやプロジェクターなど、ビジネス向けの什器を準備します。

昨今の、働き方改革の流れや、フリーランサーの増加により、オフィスを持たずに、出先で仕事をする人が増えてきました。

また、ＩＴツールの発達や、今回の新型コロナウイルスの影響から、テレワークやリモートワークをする人々が増えていくため、仕事スペースのビジネスには今後も大いなる期待が見込めます。

以前は、打ち合わせをしたくても、場所がなく、カフェなどを利用するケースがほとんどでした。ただ、カフェは騒がしく、店内が混み合っていたり、予約ができなかったり、漏れると困る話はできなかったりと、さまざまな課題がありました。ビジネスにはあまり向いていません。

打ち合わせだけではありません。少人数セミナーの開催にも重宝されています。

現代は、あらゆるセミナーが毎日膨大に開催されている時代です。講演を生業としている講演家だけが行っているのではありません。業者が集客するための入り口として説明会を主催したり、同じ目標を志すコミュニティが開催するセミナーがあったり、それこそ普通の主婦ですらも子育ての勉強会を開催したりと、実に多種多様です。

## SNSも、セミナーブームに火をつけた一因です。

広告費ゼロでセミナーの告知や集客ができるため、資金が薄い人でも実現が可能になったからです。当たり前ですが、セミナーを開催したところで参加者がいなければ意味がないわけです。昔は、インターネットやチラシで広告を出す必要から、高額なコストがかかり、資本力のある企業などでないとハードルが高かったのですが、現在では、お金をかけずに人を集めることが可能になりました。

また、昨今、自分の持っている知識を他人に教えること自体が、一つのビジネスカテゴリーとして大きなマーケットを作りはじめています。別の表現では、「大人を対象とした教育ビジネス」です。オンラインサロンなども増えてきていますし、YouTubeなどで自分の知識を発信する人や、それらを利用する人も増えてきています。

**これまで、学習塾をはじめとした、子供を対象とする教育ビジネスは定番化していたのですが、大人を対象とした教育のビジネスは少なかったのです。**

ちなみに、この流れは今後さらに大きくなっていくでしょう。

理由は、まず、国民が高齢化していきますから、それに伴って、人口ボリューム層の年齢が上がっていきます。そうなれば、事業者は、そこに向けてサービスを生むことになり、そのマーケットが盛り上がっていきます。

その他、少子化によって、過去は、子供に使っていたはずのお金を、大人である自分自身に使う人が出てくることなどもあげられます。

働き方改革等でビジネスを学びたい現役層も増えますし、退職後においても、まだまだ健康で学ぶ意欲が旺盛な人が多くなっていくのです。

そのため、「大人を対象とした教育ビジネス」はこれから伸びていくビジネスカテゴリーの一つだといえるでしょう。

そういった意味では、あなたは、レンタルスペースのビジネスを実践することで、マスターした後、**その方法を教えるセミナーやスクールを展開することもでき、2つのビジネスを持てることにつながるでしょう。**

**開催場所は自分のスペースを活用すればいいですから、一切お金がかかりません。**もし参加者が集まらなかった場合でも、損をすることがないので、チャレンジしやすいでしょう。

別の利用方法として、教室や習い事を、貸し会議室で開催することも増えてきています。駅前の好立地のほうが、生徒も集まりやすく便利ですが、駅前の一等地に店舗を構えるとなると、賃料は相当かかります。週1度程度のレッスンのために用意するのは、なかなか難しいでしょう。

貸し会議室であれば、駅前の好立地で、必要な時だけ開業できます。

机と椅子、ホワイトボード、電源、Wi-Fiなど、良好な環境が整っています。

その時々で、開催場所を変えられるメリットもあります。講師さえ移動すれば、全国各地で開催ができます。「**全国展開**」と聞けば凄い姿をイメージしますが、それがいとも簡単に実現できてしまうのです。

他にも、アルバイトの面接や研修などにもご利用いただいています。

また、今回の新型コロナウイルスの影響で、需要が増加しました。

新型コロナウイルスもまた、貸し会議室の認知拡大につながる一因となったのです。

認知が上がると起こる現象は、

1. 利用してみて便利だと感じる人が出る
2. レビューが増えて信用性が上がる
3. それを見て、気軽に使う人が増える
4. リピーターも生まれていく

前述のとおり、消費力があるのは、50歳くらいです。結構、年齢がいってるわけです。

このような新しいサービスは、正直、知らない人がほとんどです。

会議室は、普段、会社に出勤していれば会社内にあるわけで、自分で探すことすらありません。新型コロナウイルスでもなければ、知る機会どころか、他のものに目を向ける機会すらないのです。実際は便利ですが、こんなことでもない限り、その機会もないのです。

**ただ、一度使えば記憶に残りますし、その選択肢が、自分の生活の中に、入っていきます。**静かで、周りの第三者に話が漏れないし、安いし、集中できるし、これアリだな！　と思う人が増えるのです。

これは、一昔前の、Airbnb《エアビーアンドビー》も同じでした。認知されるまで時間がかかりましたが、一度使ってみると「すごく便利！　楽しいし、安いし、広いし、今度また使おう」という具合に、ユーザーが全世界的に爆増したのです。

認知や利用経験がある人が増えれば、サービスが拡散されますし、さらには、リピーターもできるので、倍々ゲームで増えていくのです。

また、別の切り口ではこのように考えられます。

ご存知の通り、新型コロナウイルスが経済活動に及ぼした悪影響は大きく、経営が厳しくなった企業が、固定費を下げるために、狭い物件に縮小や移転をするケースが相次いでいます。

今までは、オフィスが大きいことによる、カッコいい、スゴく見えるなどのメリットがあったのですが、そうも言ってられなくなります。家賃をはじめとした無駄なコストをカットし、利益を出していく必要があります。

また、今までは社内に会議室があった会社が、頻繁に使用しないスペースに対しても常に家賃がかかっているのは無駄と感じるようになり、削減対象にしています。

ただ、そうはいっても、いざ会議が必要となった際には、その時間だけオフィスを拡張することは物理的に無理ですから、外部の貸し会議室を借りることになります。

この流れは、その会社にとっても固定費の削減につながり、貸し会議室の運営者としても儲かりますので、win-win です。

## 会議室にはこんな需要あり！

一口に会議室といっても、さまざまな需要があります。

用途によって、物件の広さや設置する什器を変えます。

・小会議
・大型セミナールーム
・デスクワーク
・面談
・オンラインセミナー
・レッスン
・動画撮影
・読書
・工作
・ライティング
・出先での空き時間を過ごす場所として

## 開業の仕方

貸し会議室の開業までの流れは、ざっくりとこのようになります。

1. 物件を探して契約
2. 什器や備品等準備
3. 立ち上げ
4. 部屋の写真を撮影
5. サイトに掲載

### ☆準備するもの

**・什器**

デスク、椅子、ホワイトボード、Wi-Fi設備

**・あるとなおよし**

プロジェクター、スクリーン、HDMIケーブル、充電器、延長コード、文房具

**・その他**

ハンドソープ、ティッシュ、トイレットペーパー、洗剤、掃除用具、ブランケットなど

**・注意書き**

注意書きを貼りましょう。

**【注意書きの内容】**

・ゴミは持ち帰ってください
・時間外利用禁止
・室内喫煙禁止
・土足禁止
・楽器等禁止。騒音禁止
・退出時は電気を消して

## レイアウトを考えよう

会議室のレイアウトには、複数のパターンがあり、利用者の目的によって、好まれる物件が変わってきます。どういった席がどんなタイプの会議に選ばれるのか解説します。

キャスター式などの移動可能なデスクにしておけば、利用者がセルフで移動することができ、広い需要を取り込めます。とはいえ、利用者は、サイトに掲載されている写真を元に物件を選びますし、いちいち移動させたり元の位置に戻したりすることは煩わしいですので、基本的には、標準レイアウトでご利用されます。自分の物件のコンセプトと合わせてレイアウトを決めましょう。

**【レイアウトの種類】**

- スクール型
- シアター型
- 口《くち》の字型

・コの字型
・島型
・正餐型
・対面型

**・スクール型**

学校の教室のように、全ての机や椅子が前方を向いているレイアウトです。

講師や発表者が参加者を見ながら話を進めることができ、受講する側は話の内容に集中することができます。机があるので、メモをとったりすることも可能です。セミナーや勉強会、試験などに最適のレイアウトだといえるでしょ

**会議室のレイアウト例**

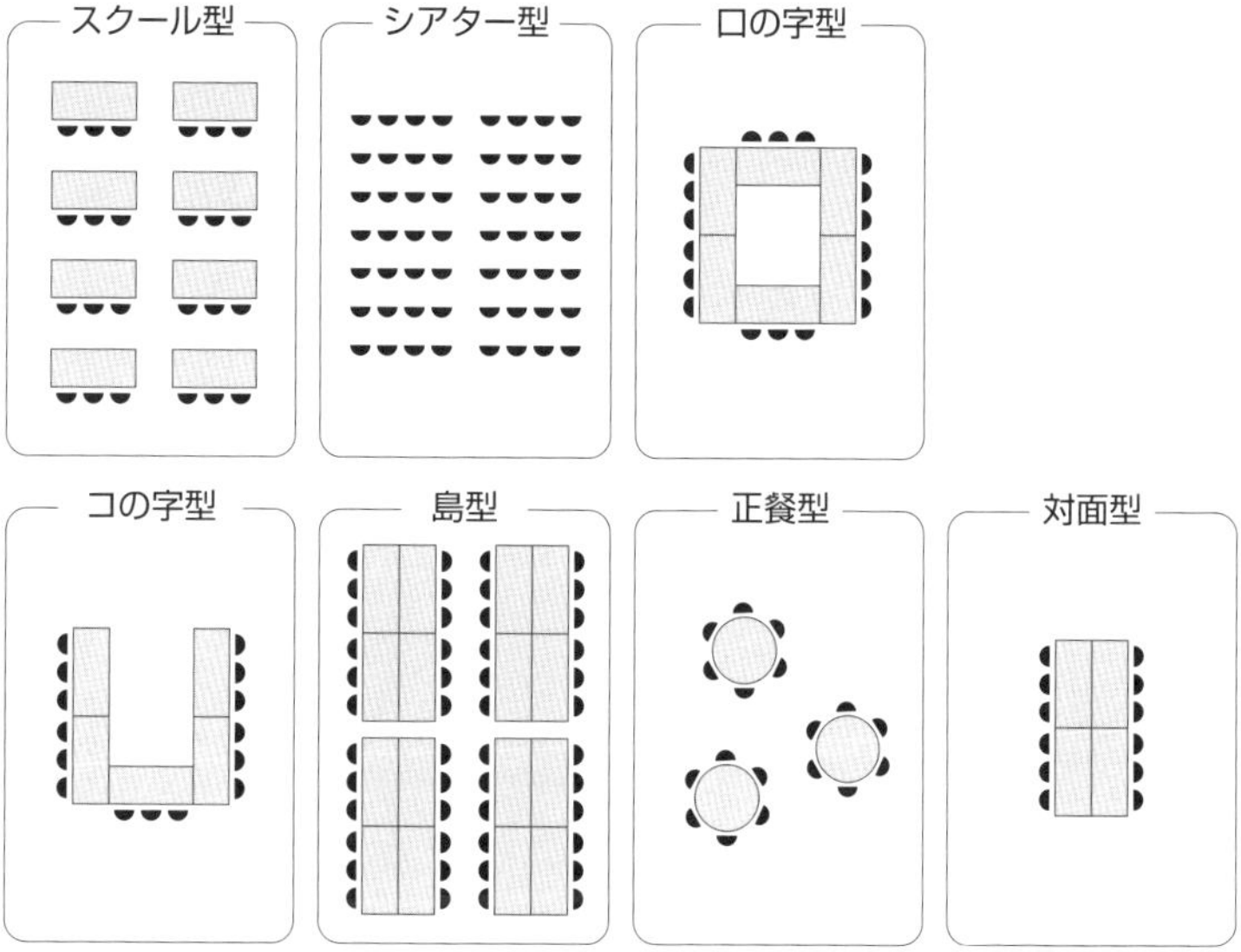

う。

**・シアター型**

座席が全て前方を向いているのはスクール形式と同様ですが、机がありません。椅子のみ設置します。机のスペースが不要な分、多くの人数を収容することができます。メモや議事録を取る必要のない場合に使えます。講演や発表会などに適したレイアウトです。

**・ロの字型**

長机を「ロ《くち》」の字に配置し、その周りに椅子を置いたレイアウトです。適度な距離感を持って意見交換ができるので、改まった会議などに使えます。

一方で、距離が遠い参加者が生まれるため、活発な意見交換やブレインストーミングのような場面には、あまり適さない形かもしれません。

**・コの字型**

机を「コ」の字に配置し、その周りに椅子を置いたレイアウトです。

全員が前方を向くこともできるため、プレゼンや発表を行いながら会議を進める際には、使いやすい配置です。全員が対等の関係ではなく、発表者に注目を集めたい場合で、その上で議論もしたい場合などに使いやすいレイアウトです。

**・島型**

「島」のように、グループごとに、いくつかの机と椅子を配置するレイアウトです。

1つのグループには4～6人が座れるようにするのが標準的です。グループごとに活動する場合、使いやすいレイアウトだと言えるでしょう。

**・正餐《せいさん》型**

円卓を椅子で取り囲んだ形式で、結婚式やパーティで見かける配置です。円卓を囲んでいるので親睦も深まりやすく、卓ごとに話も盛り上がりそうです。

堅い勉強会ではなく、ミートアップなどの楽しいミーティングの際に使いやすいレイアウトです。

**・対面型**

貸し会議室の需要としては、この形とスクール型がツートップで人気です。

面接や商談で使われることが多く、対面形式で使いやすいです。グループトークもできます。1つの机をはさんで、向き合って座り、両者の関係が対等な印象になるので、改まった場面にもふさわしい配置です。

## 運営の仕方

貸し会議室を運用する流れはこのようになります。

サイトに物件を登録。掲載先はスペイシーかスペースマーケット

↓

予約が入る（たまに質問や問い合わせが来たら返信対応）

↓

お客さんが到着して利用

↓

清掃はほとんど入らないが月1程度実施

## トラブル

ユーザーがビジネスマン層であるため、トラブルが少ないです。

基本的には会議などで利用するため、騒音も起こりません。

トラブルの種類と対策については、前章のパーティスペースの章を参考にしてください。

## 初期投資

ワンルームで小さな貸し会議室を開業する初期費用について解説します。

最安値で仕上げた場合、48万円程度で開業できるでしょう。

初期費用には、物件の契約金と室内什器の代金が含まれます。

物件の契約金とは、敷金・礼金・仲介手数料・保証会社加入料・保証金などです。

例として、賃料8万円のワンルームで開業する場合の内訳は、このようになります。

**【初期費用内訳】**

敷金 8万円
礼金 8万円
仲介手数料 8・8万円
保証会社加入料 8万円
火災保険加入料 2万円
デスク 5万円
椅子10脚 2万円
ホワイトボード 2万円
モニター 2万円
インターネット工事 2万円
備品 2000円
合計48万円

ただ、最安値であれば48万円程度で開業できるとはいえ、実際にはもう少し予算に余裕をみて80万円程度であることが平均的です。理由としては、広い物件にすれば賃料が上がることや、什器の充実をさせた方が人気は出るためです。

もちろん、自己所有の物件で開業する場合は、什器代くらいしかかかりませんので、ほとんどお金をかけずに開業できます。

## ランニングコスト

貸し会議室を運営する上での経費について説明します。

### ランニングコストの項目

・賃料
・公共料金（電気・水道）
・Wi-Fi
・サイト手数料（売り上げの30％）

サイト手数料はサイトによって異なりますが、スペイシーの場合は30％（税別）、スペースマーケットは30％（税込）です。予約が成立した場合のみ成功報酬で発生します。掲載は無料です。

運用を自分でせずに運用代行業者に委託する場合は、代行手数料は10％が相場です。

月に2回ほど清掃に入ることをオススメしますが、会議室の場合、ほとんど汚れていないですし、月に2回ほど行くだけなので、清掃業者に委託しなくても、自分でできると思います。30分ほどあれば清掃は終わります。業者に清掃を委託する場合は1回あたり5000～8000円くらいです。

ざっとですが、ここで物件を例に、経費を計算してみましょう。平均的な例として、賃料8万円、月の売り上げ25万円で考えてみます。

- 賃料 8万円
- 公共料金 8000円
- Wi-Fi 4000円

・サイト手数料　7万5000円

8万円＋8000円＋4000円＋7万5000円＝16万7000円

合計を計算すると、月間の経費が16万7000円です。

## 収益計算

先ほどの例で計算した場合、売り上げが25万円、経費が16万7000円ですので、**利益は8万3000円**です。

**1カ月に8万3000円の利益があるとなれば、1年にすれば99万6000円です。約100万円ですね。**

利回りは初期投資額によりますが、最安値の48万円で開業した場合、半年以内に回収ができ、**利回りが200％を超えます。**

80万円で開業した場合も、100％を超えます。

すごいですね……。

ただ、利回りを追い求めるよりは、長く安定して稼働させることの方が大切です。お客さんから不満点が出た場合は、返金対応などをすれば一時的に利回りが下がりますが、レビューが高い状態のまま維持することができ、長い目で見ればメリットの方が大きいです。

また、什器が古くなったら、新しいものに入れ替えるなどの再投資も行いましょう。机の脚が弱くなってグラグラしている、傾いているなどの状態であれば、お客さんが気持ちよく利用できません。**お客さんに負荷のかかる形で利益を上げようとしても、自分のビジネスが短命になるだけです。**

貸し会議室は、非常にリピーターが多いビジネスです。お客さんに気に入ってもらえると安定して長く稼働します。

多くの物件は、2年で回収することを目処《めど》にしていますので、参考にしてみてください。

月間の売り上げの25万円を1日に換算した場合このようになります。

1カ月を30日とした場合、1日の売り上げが8333円。

1時間1000円ほどで貸し出しますが、1組が8時間連続でとるお客さんもたくさんいますし、通常、会議室は2～3回転しますので、1日のうちで、3時間の予約が2～3本入るイメージです。

ユーザー目線で見た場合、5人利用で1時間1000円の場合、1人あたり1時間200円で利用できます。3時間使っても600円。**喫茶店と同じような価格帯で、個室で会議ができるため、メリットが大きいです。**

計算から、平均的な物件の1室あたりの利益は8万3000円という結果になりました。**会議室の運営は、ほとんど何もすることがないため不労所得に近いです。**

1件目が軌道に乗ったら、2件、3件と物件を増やしていくことで、収入を増やしていくことができます。

## 貸し会議室の特徴

### ☆とにかく一度利用してもらう

まずは、周辺の貸し会議室を参考に、価格設定をします。
コツとしては、開業したての頃は、**低めの値段設定をし、とにかく一度利用してもらいます。**

貸し会議室ビジネスならではの特徴ですが、**とにかく一度利用してもらうことが好循環を生みます。**

貸し会議室は、リピーターが多く、かつ、利用側も事業者であることが多いため、お金に困っていない場合が多く(会社の経費など)、一度利用して便利だった場合は、何度も使ってくれます。同じ予約者名からの予約が週に何度もあるのもザラです。

また、定期的に集まる会合である場合、毎回同じ場所でやるほうが参加者にとって便利です。参加者側として、毎回違う会場に行くとなると、googlemaps で探したり、道に迷ったりする手間が発生しますし、迷った場合を想定して早めに家を出発する時間的な無駄も出てきてしまいます。

主催者側としても、セミナー利用の場合、お客さんがいる関係上、ハズレ物件に当たるリスクを取れないので、「無難」がとても重要なキーとなるのです。

私も会議室を借りてセミナーを主催することが多いので経験があります。当日、いざ行ってみたら、物件がボロくてセミナーのクオリティが下がってしまったり（サイトの写真ではかなり綺麗だったのに……）、4階なのにエレベーターがなかったり（自分だけならまだしも、お客さんに4階まで階段を上ってもらうとか申し訳なさすぎる）。最悪では、プロジェクターが壊れていたことがあり、セミナーがスタートできないため大問題でした。このようなことがあるとビジネスシーンでは非常に困るため、**以前に一度利用して安全だった物件を選ぶ**のです。

プライベートで予約する場合と違って、「リスクを取った超良さそう」より、「リスクを取らない無難」が選ばれる傾向にあるのです。

## ☆時間によって価格を変える

時間によって価格を変えます。

早朝は、予約が入りづらいので安く設定し、夜18時以降は、予約が入りやすいので高めに設定します。夜の時間帯は会社員が、仕事が終わってからセミナーに参加できる時間帯であるため、開催が多いのです。

【例】

7：00〜12：00　600円／時間
12：00〜18：00　1200円／時間
18：00〜22：00　1500円／時間
22：00〜07：00　600円／時間

## ☆メリット・デメリット

まずは、簡単に始められる点がメリットです。部屋にデスク類をおけば完成ですので簡単です。

ハードルが低いことはメリットですが、裏を返せば、参入障壁が低いことは、多くの方が取り組みやすいために飽和しやすい傾向にあります。また、内装に関しても、最小限であり、差別化しにくい点がデメリットです。

物件を探すのは少し苦労します。立地面でアクセスのいい物件である必要があるためです。

会議室の需要は、アクセスの良い場所に集中します。便利な駅の周辺や、駅から近いなどが必須条件ですので、物件を選ぶ際は気をつけましょう。

貸し会議室が運営できる転貸許可物件の探し方としては、一番簡単な方法は、転貸可能な物件が掲載されている不動産サイトがありますので、こまめにチェックしてみましょう。（転貸許可物件のサイト：民泊物件.com　https://minpaku-bukken.com）

ただ、前述の通り、働き方改革やフリーランサーの増加により、今後も利用者が増加していくことや、アフターコロナの世界では、貸し会議室への需要は益々増えていくと思われますので、好立地物件を押さえることができれば、堅い投資になることでしょう。

リピートビジネスであることの強みです。宿泊施設やパーティスペースが一度きりのお客さんが多いのに対し、会議室はリピーターの割合が多いというメリットを念頭に置き、戦略を考えていきましょう。**丁寧にやれば安定しやすいビジネス**です。

### メリット

・初期投資が安い。
・不労所得に近い。手がかからない。
・あまり清掃に入らなくて良い。
・利用者の層がいいのでマナーが◯（ビジネスマンの会議などのため）。
・リピーターがつきやすい。

### デメリット

・立地条件がシビア。駅前周辺でないと難しい。主要駅の駅徒歩7分以内が目処。
・差別化しにくい。デスクと椅子がメインでありどこも似ている。
・深夜帯や朝方などは空室になりがち。

第8章

# 実践アドバイス

## 時間がたつほど安定する

レビューが増えることで、1件あたりの収益性が上がり、安定してきます。開始してすぐはあまり売り上げが立たなかった物件でも、3カ月ほどした頃から安定してくることが多いです。焦らずじっくり育てていきましょう。

「収入を増やしたいので物件数を増やしたい」と思う人は多いですが、3万円の利益を出す物件を2件持っているのと、6万円の利益を出す物件を1件持っているのは、利益額は同じことです。2件やろうと思えば初期投資は2件分かかるわけですし、丁寧に1件ずつ育てていくほうが良いと思います。

特に、貸し会議室の場合は、リピーターが一定数獲得できた後は、かなり回りやすくなります。

## 契約に気をつけよう

注意すべき点として、借りた物件を勝手に使うことは許されません。借りている物件をさらに第三者に貸すことは又貸し（転貸借）ということになり、通常は禁止されています。

オーナーや管理会社の承諾を得て、「転貸借契約」を結ぶ必要がありますので、契約前に相談しましょう。

## 写真映えを意識しよう

ユーザーの特性として、写真映えをする部屋を選ぶことが多いです。壁紙やインテリアなど、撮影スペースとしての用途を意識し、作り上げることがオススメです。壁紙と家具の色を揃えると、インパクトが強くなり、人気が出ます。

## 掲載サイトの種類

利用者を募集するサイトを載せておきます。

掲載は無料でできます。

サイトを開いて、名前やメールアドレス、電話番号、身分証のアップロードなどを済ませれば物件を掲載できます。

・スペイシー

・スペースマーケット

・インスタベース

スペース掲載　ヘルプ　ご利用ガイド
SPACEMARKET
8796件のレンタルスペースから 目的に合ったスペースをかんたん予約
パーティー
会議
民泊
写真撮影
ロケ撮影
スポーツ
その他
カテゴリーから探す　エリア　人数　会場タイプ　アメニティ
おすすめスペースまとめ

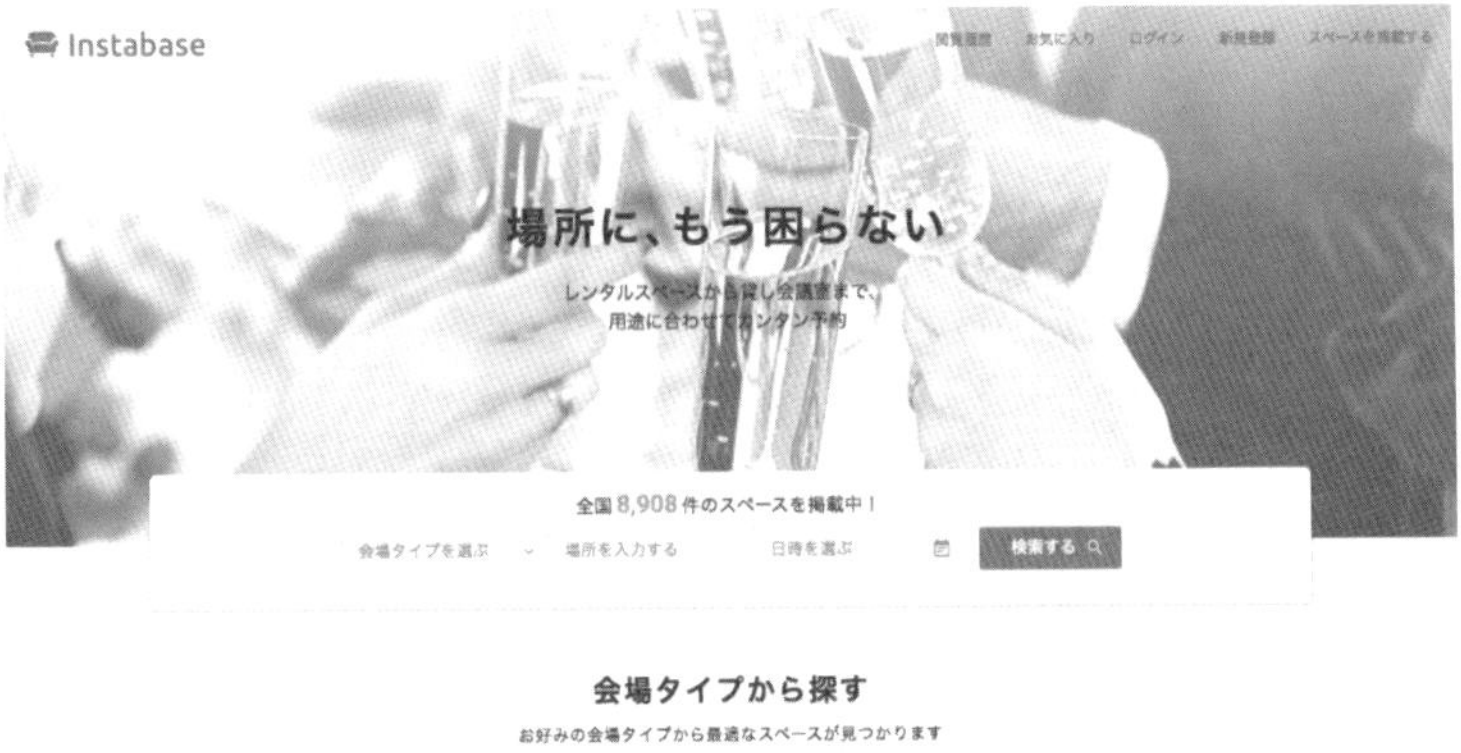
Instabase
閲覧履歴　お気に入り　ログイン　新規登録　スペースを掲載する
場所に、もう困らない
レンタルスペースから貸し会議室まで、
用途に合わせてカンタン予約
全国8,908件のスペースを掲載中！
会場タイプを選ぶ　場所を入力する　日時を選ぶ　検索する
会場タイプから探す
お好みの会場タイプから最適なスペースが見つかります

## 広めの物件がオススメ

広い物件の方が、人気が出るため収益性が高くなる傾向にあります。

広々使ってもらえますし、収容人数が増やせたり、内装が凝れたりするため、できれば広い物件で開業しましょう。広い物件であれば、**50平方メートル以上がオススメです。100平方メートルあると人気が出ます。**

小さな物件は少額の投資で開業できるため、月商50万円以上いくケースも多くなってきます。ライバルが多く、広い物件になればなるほどライバルが減っていきます。

初期投資は、最初だけのことですので、安定して収益性が高い方が、メリットが大きいです。資金に余裕のある方は、**広い物件で開業**することをオススメします。

## 写真はプロのカメラマンに

サイトに掲載する物件の写真は必ず**プロのカメラマン**に撮影してもらいましょう。

プロのカメラマンに依頼すると、2万円ほどはかかりますが、ここは絶対に節約せずにプロに依頼しましょう。

お客さんが部屋を選ぶときに見るのは写真です。

写真が汚いと予約が入りませんし、写真一つで収益性が大きく変わってしまいます。

初期投資の中で最も効果的な投資ですので、必ずプロのカメラマンに撮影を依頼しましょう。

## 写真加工は逆効果

とにかく、**「加工」が逆効果**です。

ユーザーは、行ったこともない物件に、サイトで写真だけをみて予約するのです。

「加工してる感」が、「本来とかけ離れているのでは?」と不安を生みます。

仮にあなたの物件が、とても素敵な物件でも、台無しになってしまうのです。

「ありのまま」が信頼性につながります。

これは、別に物件じゃなくても同じようなことがあります。

食べログで見た豪華な料理も、「どうせ実物はこれほどじゃないだろうなー」という消費者の感覚がありますし、キャバクラのパネルは実物とかけ離れてそうなんて声を聞きますし、まあ、そういう話です。

加工するということは、「本来はもっと悪そう」というイメージを与えてしまうのです。

ありがちな失敗パターンで、この3点があります。

1. **写真をアプリなどで必要以上に明るく修正したり、フィルターをかけたりする**
2. **写真の上から文字を入れる加工**
3. **広角レンズを用いて撮影**

## 1. 写真を明るくしすぎたり、フィルターをかけたりする加工

フィルターとは、写真加工ツールにある、色味を調整したり、雰囲気を出したりするものです。

物件が古いために、カモフラージュしているのではないかと不信感を生んでしまいます。ユーザーが知りたいのは、「自分の利用する物件の本当の姿」です。怪しい物件は博打になるので避ける傾向にあります。

## 2. 写真の上から文字を入れる加工

写真の上に文字やアイコンで情報を入れているものです。「Wi-Fiあり、駅徒歩何分」など一目で見て欲しい気持ちはわかります。でもこれは逆効果なのでやめましょう。文字は物件紹介やタイトルの部分に入れられますから、写真は写真のままで掲載しましょう。

実際、あなたも、ホテルサイトでホテルを選ぶ時など思い出してみて欲しいのですが、綺麗な写真のホテルを選ぶのではないかと思います。写真の上に文字がごちゃごちゃ入れられていると、肝心の写真が見づらいですし、チープなイメージになってしまいます。

## 3. 広角レンズを用いて撮影

広角レンズを用いて自分で撮る人がいますが、オススメしません。広角レンズは部屋全体が曲がったように不自然に写りますし、見た側にも広角レンズを使用していることはすぐバレるので、「実際はすごく狭いのでは？」と思われてむしろ逆効果になります。

## メルカリやジモティーなどの活用でコストを抑える

初期投資を抑えたい人は、是非、メルカリなどを活用してみましょう。

こだわりの内装を作る際にも重宝します。アマゾンや楽天で買うと、その他多くの物件とかぶってしまいますが、メルカリなどには、1点もののビンテージ商品が、低価格で出品されており、他の物件と差をつけられます。

ジモティーを活用している人もいます。

ジモティーでは、安く手に入れられたり、無料でもらえたりします。

## 業者さんとの関係を大切にする

会議室を立ち上げるために、オフィス家具類を発注する準備をしていた時のことです。ネットで検索して比較していました。

そんな時、普段から、立ち上げや搬送などをお願いしている付き合いのある業者さんに、たまたま連絡してみたところ、意外な返しがあり、「今、コロナの影響で、会社さんの廃業や、事務所撤退（移転で縮小も含む）する会社が多くて、僕ら、連日撤退作業に入ってるんです」とのことでした。

撤退する側も、撤退には結構なお金がかかります。「廃棄代も高いので、会社さんも、少しでも、引き取ってもらったら嬉しいかもしれません、声かけてみましょうか」とのお声がありました。

「是非お願いします！」

その流れで、デスクや、椅子、ホワイトボード、モニター、コンセント類など、オフィス家具類を一式もらえることになりました。

撤退する側の会社さんたちも、助かったと言っていたそうです。退去の日が迫っているのですが、この状況で、従業員に作業に行かせるわけにもいかず（むしろ廃業の会社は、もう従業員もいないという事情もありました）、室内のものをどうするか悩んでいたそうです。

こういうところにも、助け合いで上手くいくことがあったのです。

日頃から、業者さんと、良好な関係を築いておくことが大切です。

業者さんに対して、値段交渉をしたり、荒くこき使ったりしている人を見かけます。業者さんはあなたの下請けではありません。お世話になるビジネスパートナーなのです。

## インフルエンサー活用

自分のホームページやSNSで予約受付をしているオーナーも一定数存在します。サイトへの手数料がかからないので収益性が上がりますが、集客は容易ではないため、既存でチャネルを持っている人にのみオススメです。

インスタグラマーやYouTuberの方は、予約サイトを使わずに、自分のチャネルで集客することができるでしょう。利益が出てきたら、そういったインフルエンサーに、宣伝を依頼するのも効果的だと思います。

## 収益の上がるタイトルのつけ方

掲載物件のタイトルについてです。

物件詳細はまずはクリックしてもらわないことには見られませんから、クリックしてもらうためにも、タイトルが重要です。

サイト上で、ユーザーが最初に目に入るのは、「写真」と「タイトル」で、その2つが、クリックして詳細を見てもらえるか（選択肢の中に入れてもらえるかどうか）の生命線となります。

写真が最重要ですが、その次にタイトルが重要です。

タイトルには、要点をまとめましょう。文字数の制限もありますので、アピールしたいポイントを羅列しましょう。

＊どのようにタイトルをつければ良いか

良い例：「渋谷駅／30平方メートル／駅徒歩3分／Wi-Fi／防音」

悪い例：「10人まで入れる楽しい綺麗なお部屋」

悪い例をみてください。

楽しいかどうかはユーザーが決めます。綺麗かどうかもユーザーが判断することです。

また、10人入れるというのは、そもそも、サイトにあるフィルター機能であらかじめ人数を入れて絞れますから、わざわざ書かなくてもすでにユーザーは条件を絞っています。

**タイトルに入れる文言は、「サイトにフィルター機能が備わってない項目」を書くことを意識しましょう。**これを理解できていない人が多く、もったいないです。

## 一石二鳥の活用方法

### ☆宣伝ツールとしても活用できる

自社が運営している貸し会議室に、チラシやパンフレットの設置、貼り紙、自社商品のサンプルなどを自由に配置しておくことができます。

**無料で広告できる場所としての活用方法です。**

月平均70件の予約（利用者は400人）があるため、毎月約400人に対して自社の広告や商品を見てもらう機会を得ることができます。5物件運営していた場合は、2000

人です。リピーターもいるので、厳密には新規で2000名ではありませんが、それでも大きな数字です。ここを宣伝場所として活用することで、**自社の新たな売り上げにつながる可能性**を秘めています。

広告を活用されている会社であればご存知の通りですが、広告宣伝費というものは非常に高くつくものです。自分自身に別のビジネスがある場合は、このような使い方が可能であり、貸し会議室は非常に有効です。逆に、宣伝効果が見込めた場合は、会議室が赤字でも黒字でもどちらでもいいと感じることでしょう。

純粋な会議室運営の利益を目的にする以外に、こういった活用方法もあるのです。

## ☆タダで自分のオフィスを持てる

自分のオフィスを持ちたいけれど固定費がネックだという事業者は多いです。

自分のオフィスをタダで持つことができる策にもなります。

例えば、昼間は自分のオフィスとして活用し、それ以外の時間は貸し出す。週に4日だけ自分のオフィスとして活用し、残りの週3日は貸し出すなどです。

賃料をカバーできれば、**実質ほぼ無料で自分のオフィスを持つことが可能になります。**

第9章

# 失敗する人の共通点と解決策

## 失敗する人の共通点と解決策

前章まで、レンタルスペース投資についてお伝えしてきました。

ですが、まだ不安な人もいるかもしれません。

お金を増やしたい、ビジネスをカタチにしたいと思っている方は多く、たくさんの人が本を読んだりセミナーに足を運んだりされています。ですが、なかなか難しいようです。何故なのでしょうか。

本項では、うまくいかない人の共通点と解決策を解説していきます。逆に言えば、**これらを事前に知っておくことで、失敗しにくくなり、成功しやすくなるからです。**

**【うまくいかない人の共通点】**

❶ 恐怖症タイプ
❷ 続かないタイプ
❸ 感覚がないことをやろうとするタイプ

## ❹思考ネガティブタイプ

### ❶恐怖症タイプ

漠然と臆病になってしまうタイプです。普通に生きていても、物を買ったり外食したりと、お金は使っているはずなのですが、「投資」となると極端に慎重になってしまう人が多いようです。

言わずと知れた話ですが、日本人は国民性として、投資に消極的で貯金に積極的な人が多いです。

２０２０年8月日本銀行調査統計局がまとめた「家計の金融資産構成」で、日本の家庭における金融資産合計に占める割合を見てみると、現金・預金はなんと54・2%。家庭における金融資産の半分が預金や現金ということになります。一方、リスク資産を見てみると、「株式等」「投資信託」「債務証券」を全て合わせても14・4%にしかなりません。

比較して、アメリカの家庭における金融資産合計に占める割合を見てみると、現金・預金は13・7%しかありません。他方、株式等は32・5%、投資信託12・3%、債務証券6・

0%の割合を占めています。いわゆるリスク資産だけで50・8%という計算です。

日本人が、投資を怖いと感じてしまう原因として考えられているのが、**戦後の政策が理由**だといわれています。太平洋戦争後、日本政府には復興のためのお金がありませんでした。そこで、個人が持っているお金を、当時国営だった郵便貯金に預けさせて、活用する方法が考えられたのです。貯蓄増強中央委員会（現・金融広報委員会）という機関が、貯蓄を奨励するさまざまな活動を行いました。このとき、貯金が安心だという日本人のマインドが形作られたようです。

また、日本では、学校で金融教育が行われていません。

先ほど例に挙げたアメリカでは、金融教育が活発であり、アメリカの経済教育協議会が、各州に対して隔年で、K－12《ケースルートゥエルブ》(幼稚園に入園してから高校を卒業するまでの13年間のこと)の期間における個人金融教育の状況を調査していますが、結果を見てみると、43の州が個人金融教育に関する教育基準を持ち、それに応じた教育を行っているとのことです。つまり、日本でいう学習指導要領に当たるものに、金融教育が組み込まれているということになります。子供のころから資産運用の基本に触れていれば、リテラシーが身につきそうですよね。

知識がないから、なんとなくリスクが怖いと思ってしまうという理由のようです。

では、解決する方法はないのでしょうか。

解決は、原因を潰すことで可能になります。リスクが怖いというのは、「リスクが何なのか」を理解していないから起こっているのです。

想像してみてください。例えば、あなたがスポーツジムに通うとします。ジムに利用料を払います。その対価として、体力がつくことや、痩せることなどを期待します。だから利用料を投資します。その際に「リスクはあるか？」「なんだか怖い」と臆病にはならないのではないでしょうか。

投資が成功した場合は、期待通り体力がついたり、痩せたりするでしょう。投資が失敗した場合は、体力がつかなかったり、痩せなかったりした場合で、払った利用料の元が取れずに損したと感じたりするでしょう。

投資の場合も同じことです。その投資のリスクは何なのか、一体どれほどのものなのか、起こる確率はどれくらいなのか、そのリスクヘッジはどうやるのか、理解していれば怖がることなく取り組むことができるのです。

つまり、**漠然とした不安というのは、知識や経験不足が原因**なのです。

知識や経験を培っていくためには、何事も、学びながら練習していくことが必要です。お金を使わずに貯金していて、お金の稼ぎ方や使い方が上手くなるわけがないのは当たり前で、それは、**「野球が上手くなりたい」と言いながら、毎日寝て過ごしている**のと同じことなのです。そうなると、いつまでもできないままになってしまいます。

学んで、練習して、上達していくのです。そうすれば、漠然と不安に感じるということはなくなります。

## ❷続かないタイプ

せっかく取り組み始めたのに、続けられずに、成果が出る前に止めてしまうのです。

または、学び始めたのに、取り組む前に投げ出してしまうのです。

ですが、残念ながら、そんなに甘くありません。天からお金が降ってくるわけではないのですから、すぐに上手くいくなんてことはないのです。

「続かない」

この原因は、最初に甘く考えすぎているということです。天からお金が降ってくるわけではないのですから、すぐに上手くいくなんてことはないのです。

小学生が入学早々、因数分解ができるようにはならないでしょう。勉強を続けて**ステップアップ**していく必要があるのです。足し算を覚えて、引き算を覚えてといった道のりがあるのです。

自分の子供にはそう教えているはずなのですが、自分のこととなると続かないようです。

建物で階段を上ることがありますよね？　1段目を上るから2段目が上れます。1段目の次に30段目に着く人は、よほど足が長いのかも知れませんが、現状、人間にはいないでしょう。羽で飛べないのです。

「継続は力なり」。地道に一つ一つ積み重ねていくしかないのです。

ましてや、敵は、あなたより先に参入している達人だったり、プロだったりするわけです。最近始めたあなたが簡単に上手くいくほうが、おかしな話です。

せっかく芽が出始めたのに止めてしまうと、また、ゼロからやり直しです。別のビジネスはないかと探し回り、いつまでたっても何も積み上がりません。

すぐに結果が出なくても、**まずは続けてみること**を意識してみましょう。

続けるのが辛くなった場合は、休んでいいのです。止めてしまわずに、**好きなだけ休んで、**また再開すればいい。焦る必要はないですし、リミットが決まっているわけでもありません。誰かに迷惑をかけるわけでもありません。

肩の力を抜いて、ゆっくりでいいから、継続することを目標にしてみる。継続こそが力になります。

また、続かない人は、続けられるための環境を整えることが効果的です。同じ志を持った仲間が集うコミュニティに身をおいたり、または、※メンターについてもらったりすることで、環境の力でモチベーションを維持することができます。私の方で主宰しているコミュニティ「KDC」もありますので、興味があれば是非参加してみてください。KDCは、「買わない不動産投資ドル箱クラブ」の略です。

コミュニティでは毎月、セミナーや、オンライン会議があり、学びと交流をメインに、メンバー同士で楽しく活動する場となっています。

※メンターとは、仕事や人生の指導者、助言者の意味。

お会いできることを楽しみにしています。

KDC（買わない不動産投資 ドル箱 クラブ）
https://kawadoruclub-minpaku.work

## ❸感覚がないことをやろうとするタイプ

感覚がないことをやろうとしているから、うまくいかないタイプの人です。

ここでは、例として不動産投資で考えてみます。

「不動産投資をしているけど、いつまで経っても、全くお金に余裕ができそうにない」

私は、普段、大家会《おおやかい》などで講演させていただく機会も多いのですが、この悩みを持たれている方は非常に多く、正直な話80％くらいなのではないかと感じています。

不動産投資は、金融機関から多額の借金をして行う投資です。

人によっては、知識がなくても、数千万円、数億円の融資が受けられてしまいます。

本来は、不動産投資は、ローリスク・ローリターンといわれるように、きちんとやればリスクが低い投資です。ただ、それは、**知見のある投資家が正しく行った場合の話であり、素人が裸足《はだし》で行っていては、ひたすらハイリスク**以外の何物でもありません。

なぜ、思うようにお金が増えていかないのか。

その原因は多くの場合、**自分で「感覚」を持っている金額のことをしないから**です。感覚が持てないので、想像もできないし、判断も鈍るのです。**自分の中にその額を扱う器がない**のです。

想像してみてください。例えば、あなたは今から、スーパーに行くとします。寿司が食べたい。1パック498円の寿司と、1パック2000円の寿司が売られています。

「今日は節約しよう。給料日前だ」と思えば498円の寿司を買うでしょう。

「今日は仕事を頑張ったぞ。自分へのご褒美だ」と思えば2000円の寿司を買うでしょう。

自分の中での498円と2000円が、どういうお話なのか、明確に違いがわかっており自分自身で判断できます。100%問題なく意思決定できます。それは、**自分がその金額に対して感覚を持っており、その金額を扱う器を持っている**からです。

きちんと自分で判断ができ、自信を持って進めていくためには、自分が感覚のある金額のことをやれば、明確に計算できるため失敗もしにくいですし、コントロールもしやすいのです。

**持ったこともない金額に感覚があるわけがない**のですが、感覚がないのにどうやって判断するのでしょうか。

物件はどうなっていますか？　古くなっているのか壊れているのか。リフォーム費用はどうなっていますか？　捻出できそうですか？　入居者は満室ですか空室ですか？　どれくらいお金が入ってきていますか？　描いているシミュレーション通りに賃料が入ってきていますか？　賃料は下がっていないのでしょうか？　30年後のあなたは一体どんな状態なのでしょうか。

「よく分からない」

**自分すらよく分からないことをして、成功するというのはなかなか難しいでしょう。**

解決策は、自分に感覚がある投資額のもので、具体的に戦略を立てることです。

感覚がある金額っていくら？　という話ですが、**あなたの貯金額**が、あなたに感覚がある金額です。そこまではあなたが経験のある金額ですし、それ以上は持ったことがない金額なので感覚がないのです。単純な話です。

貯金が１０００万円の人は、３００万円や５００万円の感覚はあります。貯めてきたのでその過程で味わったはずです。ただ、３０００万円のお金の感覚は持っていないのです。

もっと、具体的に考えられると、**現実的にお金を作っていける**と思います。

例えば、先ほどの１０００万円の貯金の人が、１００万円を使うなら、自分の中で感覚があります。その１００万円で、まずは月に20万円の収入を作ることに専念する。最悪、損をしても、最大のリスクは貯金から１００万円が減ることです。それ以上のリスクはありません。このように、**着実に、確実な「お金」を作っていく**ことがこのタイプの方の解決策となります。

## ❹思考ネガティブタイプ

成功する人は「**できる理由**」を考え、成功しない人は「**できない理由**」を考える。

同じ事象でも、上手くいく人と、そうでない人で、**真逆の思考**になることがあるのです。前者は、「どうすれば上手くいくか」「どんな工夫をしようか」「これによって学べること」などの案が頭に浮かびます。一方、後者は、「失敗しないだろうか」「損しないだろうか」「問題はないだろうか」など心配事で埋め尽くされます。

後者のタイプの人は、色々とセミナーを回ったり、業者に話を聞きに行ったりと、惰性の動きには人の何倍もの時間を費やすのですが、結局は決断の瞬間（契約や入金）になった際に「やっぱりやめておこう」とひるみます。このタイプの方はどんな案件であれ、毎回同じ行動を繰り返します。そこに客観的な理由はありません。原因は、ネガティブな思考やメンタルです。

ですが、そうはいっても人生の時間は有限で、刻一刻と過ぎていきますし、あなたが生きていること自体、失敗もあれば問題も起こるわけです。

1つ言えることは、**「今までの自分の思考の結果」が「現状の自分」を作っている**という事実で、もしこれからの将来を良くしていきたいという希望があるのであれば、自分の物差しで自己完結しているうちは現状が変わることは絶対にありえないということです。

何もしなければ何も変わらないわけで、当然といえば当然なのですが、ネガティブ要素探しの旅に出ても、現状は変わらないです。

「どうやったらできるか？」「どんな工夫をしようかな」とポジティブな発想に変えることで好転することがあります。

以上、上手くいかない原因と解決策をお伝えしました。当てはまる部分があった方は、このように考えることで改善できます。心配しなくて大丈夫です。最初は誰しも同じようなステージにいます。壁にぶち当たった時は、この章を読み返し、マインドを整えてクリアしていきましょう。

# 第10章

# このビジネスは「自由」

## このビジネスは「自由」

このビジネスの姿を一言で表現すると、「自由」です。

何が正解で、何が間違っているなんてことはありません。とことん自分の「好き」にこだわって作り上げ、自分と同じような人達を喜ばせることが仕事です。誰かにルールを決められる必要もありません。

誰かに縛られるのって、正直苦痛ですよね。

自分の人生なのですから、好きに生きた方が楽しいに決まってます。

やりたくないことを我慢して、妥協しながら毎日を消化することなんて、できればしたくない。本来抱えなくていい悩みのはずです。

自分の人生なのに自分自身に言い訳をして、一体誰トクなのでしょうか。誰もメリットはありません。

このビジネスは「自由」です。そういうの全部取っ払えます。

もしあなたが、このビジネスを始めてみて、1件カタチになったら、次は2件目、3件目と、物件を増やす選択肢が持てます。

というか、言われなくても、自分から進んでどんどん増やしたくなることでしょう。

10物件くらいのオーナーになって、会社員の給料と同じくらいになったら、もう辞めたければ辞められる選択肢も持てます。もちろん、続けたければ続ければいいですから、自由な状態になれます。

**「選べる」というのが大切です。**もう二度と、理不尽なことに我慢してまで、しがみつくような思いはしなくていいのです。あなたが「選ぶ」立場なのです。

10物件なんて1年もあれば増やせますよ。

この1年間、本気でやれば、来年の今頃には、きっとあなたは、自分の生きたい道を「選べる」立場になっています。

どんなきっかけでもいいし、このビジネスじゃなくてもいいと思います。あなたが幸せな状態になることが目的です。私は、もしかすると、そのきっかけになるかもしれないと思って、私なりの方法をお伝えさせてもらっています。

## 時間の自由

毎日会社に行く必要もありませんし、何時に出社、休日は土日だけと決められる必要もありません。労働時間も自分で決めます。

何時に起きてもいいですし、ということは何時に寝てもいい。休みたければ休みにすればいい。昼間に自由時間も取れますし、長期旅行にも行けます。

実質、スマホさえあれば、一日中遊んでいても何の支障もありません。

遊びたければ遊んで、寝たければ寝る。夜更かししたければするし、旅行に行きたければ行く。どこにいても仕事はできますし、決められた予定なんてありませんが、何の支障もありません。

私が起業して良かったこと第1位は「時間の自由」です。

独立することで制約がなくなり、自由になる事項はとても多いですが（時間・場所・人間関係・仕事内容・格好・お金など）、その中でも1番が「時間の自由」でした。

会社員時代は、朝早くに起きて、9時に間に合うように出社し、遅刻しそうな場合は寝起き早々ダッシュして気分が悪くなりながら始業。

始業以降は終業時刻まで帰れません。朝から夜まで他人の時間を生きているようなものです。帰宅しても、翌日も早いため早く寝る必要があります。休みは土日と年間の有休のみです。休める日も、好きなことをできる日も、その日数も時間までも決められているわけです。

海外旅行が好きなのですが、たった1週間の旅行すら行けません。年に1、2回だけ、土日に有休をくっつけて、4泊5日ほどの弾丸ツアーに行くのが関の山です。これが退職するまで続きます。老後になるまで自由はありません。

今でも鮮明に覚えているのですが、退職した翌月に、1カ月間、シンガポールで過ごしたのですが、その時に、妙な感覚になったのを覚えています。ヤッターでもなく憤りでもなく……。

（なんで自分の人生なのに、こんな簡単なことすらできなかったのだろうか……？　誰のためでも誰のトクでもないのに……なぜ？）と、妙な感覚になったのを覚えています。

年老いた時の自分が、「あの頃なら……」と後悔するほど悲しいことはありません。せっかく生まれてきたのですから、自分の時間を生きたいと思っています。そんな自由がこのビジネスにはあります。

## 人間関係の自由

個人的には意外だったのですが、会社員のストレス（悩み）の第1位はダントツで「人間関係」だそうです。厚生労働省が発表している2013年、2014年のデータなどから確認することができます。

確かに、会社で働いていると、一緒に働く人を選べません。

よく、居酒屋でサラリーマンが酒を片手に、愚痴大会をしているのを目にしますが、あれは、選ぶ自由がないからつらいんだと思います。本来、人間なんて自分と合わない人がいて当然なのですが、我慢しなければいけないのです。

上司との人間関係

同僚との人間関係
部下との人間関係
社外取引先との人間関係
お客さんとの人間関係

職場の人間関係でストレスを受けると、家族との関係やプライベートな時間までも楽しめなくなってしまいます。

合わない人に好かれようとすることなんて無意味だし、関わりたくない人と関わりたくなんてないです。ましてや毎日顔を合わせるなんて罰ゲームみたいなもんですから……。

好きな人としか関わらない。なんなら一人で完結する。合わない人と関わる機会すらない。そんな自由がこのビジネスにはあります。

## 場所の自由

デスクの前で仕事しなくてはならない、お得意先様の会社に行かなければならない、店舗に立たなければならない、お客さんの家を訪問しなければならない、会社に出社しなければならない。ならない、ならない、ならない……。

疲れますよね。別に行きたくない場所に行きたくないですから。

しかも、働く場所を決められると、住む場所も同時に決められたようなものです。通勤可能な範囲が物理的に決まります。

ましてや、現代はさまざまな事情を持つ方がいます。子育てや介護で外に出られない人だっていますし、人生１００年時代なら退職後も40年間もありますから体力も衰えます。

多様化の世の中、**場所への縛りは現実的にもあまり良いものではありません。そのせいで、せっかくスキルを持った人の能力を活かせない原因になる**こともあるわけです。

どこにいても仕事ができる。そんな自由がこのビジネスにはあります。

最終章

# 幸せに成功していくために

いかがでしたでしょうか。本書では、自分のビジネスを作るための、考え方や具体的手法をお伝えしてきました。ここまで読んでくださったあなたが、「自分のこれから」に、ワクワクしてくれていれば嬉しく思います。

私は、「**これからは、誰もが自分のビジネスを持つ時代**」だと思っています。

そして、それは**楽しみながら実現できる**と思っています。

最後に、この先あなたが進む中で、知っておいてほしい法則がありますので、そちらを共有して、本書を終わりたいと思います。

「新しいあなた」と、いつかどこかでお会いできることを楽しみにしています。

## ビジネスは土台が大事

これからあなたは、早速、物件を探して、自分の城を作っていかれることでしょう。

「どんな内装にしようかな」「どこで物件を探そう」「家具どこで買おうかな」色々と、計画していくと思います。

「どのエリアが稼げる？」「収容人数増やせば儲かる？」ここで、大切な原則がありますので、最初にお伝えしておきますね。

目先の利益を求めて動いても、資産は築けません。

「えっ？」

腰を据えて取り組むことが大切なのです。

確かに、短期的には、お金を稼ぐ体験はできます。それ自体は否定しません。動機が何であれ、自分の力で稼いだ経験のなかった人が、例え1万円でも自分の力で稼げるようになることは、とても貴重な体験です。

ただ、必ず覚えておかなければならないこととして、目先の利益を求めても、結果的には上手くいかないということです。

コツコツと土台を育てていくことが大切です。

遠回りに見えても、非効率的でもいい。しっかりとした土台を作ることが、結果的にはあなたが成功するための一番の近道となります。

こういった話をすると、抽象的に感じたり、ありきたりに感じたりする人がいるかもしれません。厳しい言い方になりますが、ここで、そう感じてしまう人は成功することが難しい人です。手っ取り早く稼ぎたい気持ちはわかりますが、そういった魔法はないのです。

「すぐ稼ぎたい」「テクニックを知りたい」「簡単にお金欲しい」

このように思ってしまっていては、宝くじを買い求める人と変わらないです。

宝くじが当たるのは、一度もないか、あっても一度きり。例え当選したとしても、継続性がないのは誰でもわかることです。使ってしまえばすぐなくなります。なくなってしまえば、また、ゼロに逆戻りです。

宝くじを例に出すと、「自分は違うから大丈夫だよー」と思う人は多いでしょう。ですので、もう少しリアルに例にしてみます。

よく、このような人がいます。

（輸入物販、儲かるらしいからやろう）

（民泊、儲かるらしい）

（不動産投資、儲かるらしい）

（アフィリエイト、儲かるらしい）

（仮想通貨、儲かるらしい）

（YouTuber、儲かるらしい）

**「なんだー結局儲からないじゃん〜」**

そのどれもが、そのビジネス自体が儲からない話なのではありません。

どれにしても、その分野で成功している人がいるはずです。

内容が悪いわけでも、騙しているわけでもないはずです。

**でも、成功する人とできない人がいる。**

どうしてでしょうか。

それは、土台があるかどうかが違いを生んでいるのです。

そのビジネスに、腰を据えて取り組み、極めているかどうか。要は**「モノ」にできているかどうかです。**モノにできていれば、変化球が来ても対応できますし、リスクヘッジもできます。その結果、ビジネスを拡大していけるのです。

目先の利益に飛びついても、結局「自分のモノ」にできていないと、また、しばらくすると、「別の何かないかな……」とゼロから探し回ることになります。万年ご新規さん状態です。**結局は、近道しようと思っているのに遠回りになってしまうどころか、何もつかめないのです。**この場合、何年たっても状況は変わらないです。

小手先のテクニックは、結果が出てから取り入れないと意味がないですし、自己流は成功してから組み入れればいいのです。

まずは、腰を据えて取り組むこと。コツコツと土台を育てていくことが大切です。結果的にはあなたが成功するための一番の近道となります。

## 器を育てる

資産は**自分の成長と合わせて**拡大されていくものであることを意識してください。
学ぶことや、素直に実践してみることで、自分を成長させることが大切です。

コップに水を貯めることを例にするとわかりやすいです。

自分が成長して、コップを大きくしていくと、貯められる水も多くなるのです。

水だけを得ようとしても、**コップが小さければ、少量しか入りませんし、すぐ満タンになり溢れて出てしまうので、量が増えません。**

「器」を育てないと、資産を増やすことはできません。


時々、自分自身に問いかけてみてください。

(自分は、コップを育てようとしているか？　水だけを求めていないか？)

**資産は、自分の成長と伴っていない場合、増えていかないのです。**


また、自分が育たないと、加速もできません。なぜなら掛け算にならないからです。

3×3＝9ですし、

5×5＝25ですが、

自分が0だと、何をかけようが0なのです。

0×3＝0ですし、

0×5＝0です。

このように、自分が0なら、結果的には0のまま終わるんですね。

その場その場で、体当たりすることはできるのですが、振り返った時、結果は0の繰り返しになってしまうのです。

一度器ができ始めると、「掛け算」になっていきます。**掛け算のステージになると、どんどんビジネスが加速して拡大していきます。**面白いほどできることが増えます。

学び続けることや、素直であることで、自分自身を成長させていってください。

## 節目にチャンスあり

今回の新型コロナウイルスなどは、世の中が変化する「節目」ですので、ある意味、弱者にとってはチャンスでもあります。

通常、市場は、大企業や古参で完成されていますので、初心者が入っていける隙なんて残っていないのです。そもそも、世の中は、そういった権力者が得するシステムになっているものです（既得権益、法律制度、税制など）。

普通の人が、事業で入り込んでいく隙なんて、こういう時以外は、そうそうないですし、大きなチャンスが転がってくることなんてありえないわけです。

例えば、今、新型コロナウイルスで、リモートワーク・在宅市場・オンラインワークなどの需要が出てきていますが、それは、例え大企業にとっても、手探り状態で未開拓です。

### 【世の中の節目】

・マーケットが大きく動く時

・法律が変わる時
・経済が激動する時
・社会が変わるほどの新しいサービスが誕生した時（スマホ誕生など）

弱い者がポジションを築くことができるのは、こういった変わり目となります。

**「ピンチはチャンス」というのはマインド論ではありません。現実論なのです。**

思いがけず起こった今回の感染症で、さまざまに大変なことがある中ですが、そういった見方を知ることで、自分にとって、何かを掴めるチャンスになるかもしれません。

過去も、このような節目の際に、新たなサービスや起業家が誕生し、時代がアップデートしたことは、あなたもご存じの通りです。

まだまだこの先、人生は長い。

**節目は大きなチャンス**でもありますから、逆転の発想と、強い心を持ち、チャンスをモノにしていきましょう。ピンチはチャンス！

本書を最後までお読みいただいた皆様が、自分のビジネスを持つことで、人生がより豊かになることを心より祈念しております。

# エピローグ

――1年後――

今日はセミナーの主催だ。スーツどれにしよう。グレーかネイビーか。チェック柄もいいなあ。あーやば！　遅刻しそう！

「もしもし。タクシー1台お願いします。住所は東京都――。事務所の前に着いたら連絡ください」

――会場到着――

大神　「皆様、本日はご来場いただき有難うございます。只今より開演となります。よろしくお願いします」

参加者「よろしくお願いします」

大神　「では、本日登壇される講師の方を紹介します」

*

「皆様、初めまして。只今ご紹介にあずかりました、山田と申します」

「私は、今、会社員をしながら、スペースを6件運営しています。物件は、漫画をコンセプトにして作り上げました。軌道に乗るまでは手探りでしたが、現在、月間の売り上げは176万円、利益55万円。大きな声では言えませんが、ちょうど先月から本業の給料を超えました。只今から、私の経験をお話しさせていただきます。どうぞよろしくお願いします」

――講話終了　質疑応答へ――

参加者　「本日は貴重なお話有難うございました。質問があります。物件の運営はどうされていますか」

山田　「こちらこそご清聴有難うございました。夫婦で運営しています」

参加者　「管理会社に委託されていないのですね。清掃はどうされていますか？」

山田　「物件の掃除は妻が協力してくれています」

参加者　「いいですねぇ。うちの妻は投資なんて大反対ですから。それに最近、夫婦仲もあまり良くないですし……（笑）」

山田　「実は、我が家もそうでした。それに……結婚した当初は尊敬してくれていたのに、いつの間にか、虫ケラのように扱われるようになっていました。当時はもう、慣れてしまっていたけど。でも……、僕が自分に自信がついて自立したら、自然と妻も変わったんです」

参加者　「奥さんが賛成してくれたのですか？」

山田　「むしろ進んで協力してくるようになったんです。一緒に運営していると、会話も増えました。二人で物件のインテリアを考えたり、時には……クレーマー客の対応を無事に終えた後、一緒に、コノヤローと叫んだり（笑）」

参加者　「それは……」

山田　「絆が深まった気がします。以前は……自分の不満を相手のせいにしたり。他人の家庭が羨ましく見えたり。感謝の気持ちを感じなくなってしまっていたり。でも、自分に自信が持てたら、不思議とそういったのがなくなりました。大切なパートナーだと改めて感じることができました」

大神　「他にも質問がある方は挙手してください」

参加者「お話有難うございました。山田さんのこれからの目標をお伺いしてもいいですか」

山田　「あと3物件増やすことを目標にしています。年内に完成させるために動いている最中です。現在は6物件を運営していますが、平均すると1件あたりの利益が9万程度です。9物件になれば月間の利益が80万円を超えます。そうすれば年収1000万円になります」

参加者「年収1000万！　凄い！」

山田　「頑張ります！」

参加者「どんどん規模を拡大されるということですよね？」

山田　「いいえ。規模を拡大することはしないです。9物件まで増やした後は、それ以上増やすことはしないです。運営している物件を大切に育てて年収1000万円をキープしながら暮らしていくことが理想の姿です。バイトさんを雇ったりすることまではしたくないので、自分達で管理できる範囲内での最大を目指したいと思っています」

参加者　「最初の1件目から6物件に増やすまでに、どれくらい期間がかかりましたか」

山田　「10カ月ほどだと思いますが、開業前に、学んでいた期間も含めると1年くらいです。要領を覚えたので、この先に関しては増やすのに時間はかからないと思っています」

参加者　「凄いです。僕もワクワクしてきました」

山田　「この事業で年収1000万円を目指します」

参加者　「使い道って聞いてもいいですか？」

山田　「1000万のうち、年間500万は自由に好きなことに使います。500万は将来に備えて貯金にまわすつもりです。まだ子供も小さいですから」

参加者　「いいなあ！　毎年500万自由に使えたら、僕だったら何に使おうかな。趣味のバイク買って、海外旅行と、あと、それから、あ、すみません、妄想しちゃってました（笑）」

大神　「他にも質問がある方は挙手願います」

参加者　「貴重なお話有難うございました。私は、過去にも色々と投資をやったこともあるのですが……結果は散々でした。お金を増やすどころか減らす一方で……。自分にはやはり能力がないのだと落胆しています」

山田　「私も、ほんの1年前までは、自分にはやっぱり無理なんじゃないかと思っていました。特別な才能なんてないし、会社員の仕事もあるし、そんなにお金もないし。それに……そうやって理由をつけている自分のことが……本当に嫌でした」

参加者　「私がそうです。自分に嫌気がさしていて、毎日悶々と過ごしています」

山田　「今になってわかるんです。本当に私が欲しかったものは、お金ではなく、〝自分の人生に満足している自分の姿〟だったんだと」

参加者　「でも、子供もいますし、もう歳ですし……」

山田　「私は、40歳から始めました。経験もゼロからです。最初は手探りでしたが、一歩一歩進めていけば、お客さんから反応が返ってきましたし、何より、楽しいので夢中になれました」

参加者　「有難うございます。私も、もう一度、頑張ってみようと思えました」

山田　「本当にやってよかったと思っています。応援しています」

大神　「皆さん、お疲れ様でした！　休憩時間は20分間となります。後方にチーズケーキとコーヒーがありますので、ご自由にお取りください」

———

私たちは、可能性に満ちている。
諦めなければ、きっと、実現できる。

これからは、誰もが自分のビジネスを持つ時代。
自分の好きなことで、他人を喜ばせることができる。
自分のビジネスは、自分自身を幸せにすることができる。

踏み出した1歩が、2歩になって、山頂につながっていく。
あなたが歩き出すことが、次の人の勇気につながる。

次の人が、その次の人、その次の人が、またその次の人を笑顔にすることが、幸せな社会を作る。

地球は丸い。人と人はつながっている。

今日、どうしようもなく自分に落胆しても、無力に思えても。

そんな自分が、未来は誰かの希望になっていることだって、きっとある。

さあ、歩き出そう。

最高の人生と、最高の自分に出会うために。

End.

大神麗子
( おおがみ れいこ )
投資家

不動産を買わずに不動産投資ができる方法を提唱している。「買わない不動産投資」と名付ける。当手法により、借り入れ0円で資産を2億円以上にし、話題となる。

50以上のメディア掲載実績。
セミナー通算2300人動員。
SNSフォロワー3万人。

最も得意とする分野は民泊。民泊ビジネスの第一人者として、多数の宿泊施設を展開する傍ら、M&A、アカデミー主宰、プロデュース業などを行う。

出版2冊「買わない不動産投資 ドル箱宿泊所」と「民泊2.0」が共にAmazonランキング1位となり、好評重版。本書が3冊目となる(みらいパブリッシング)。

**買《か》わない不動産投資《ふどうさんとうし》 ドル箱《ばこ》 レンタルスペース**

---

2020年10月18日　初版第1刷

著　者　大神麗子《おおがみれいこ》
発行人　松崎義行
発　行　みらいパブリッシング
〒166-0003 東京都杉並区高円寺南4-26-12 福丸ビル6F
TEL 03-5913-8611　FAX 03-5913-8011
企画協力　Jディスカヴァー
編　集　田川妙子
カバーイラスト　光波
ブックデザイン　池田麻理子
発　売　星雲社（共同出版社・流通責任出版社）
〒112-0005 東京都文京区水道1-3-30
TEL 03-3868-3275　FAX 03-3868-6588
印刷・製本　株式会社上野印刷所

ISBN978-4-434-28083-2 C0034